事业单位工作人员应知应会丛书

事业单位工作人员基本工作能力

人力资源和社会保障部事业单位人事服务中心◎组织编写

主编◎王德　副主编◎刘颖

图书在版编目（CIP）数据

事业单位工作人员基本工作能力 / 人力资源和社会保障部事业单位人事服务中心组织编写. -- 北京：中国人事出版社，2024. -- （事业单位工作人员应知应会丛书）. -- ISBN 978-7-5129-2002-6

I. D630.1

中国国家版本馆 CIP 数据核字第 20246SX251 号

中国人事出版社出版发行

（北京市惠新东街 1 号　邮政编码：100029）

*

河北品睿印刷有限公司印刷装订　　新华书店经销

787 毫米 ×1092 毫米　　16 开本　　13.75 印张　　224 千字

2024 年 8 月第 1 版　　2025 年 4 月第 3 次印刷

定价：38.00 元

营销中心电话：400-606-6496

出版社网址：http://www.class.com.cn

版权专有　　侵权必究

如有印装差错，请与本社联系调换：（010）81211666

我社将与版权执法机关配合，大力打击盗印、销售和使用盗版图书活动，敬请广大读者协助举报，经查实将给予举报者奖励。

举报电话：（010）64954652

丛书前言

功以才成，业由才广。人才是全面建设社会主义现代化国家的基础性、战略性支撑，实现国家富强、民族复兴、人民幸福的第一资源。党的二十大报告指出，要深入实施人才强国战略，培养造就大批德才兼备的高素质人才，建设规模宏大、结构合理、素质优良的人才队伍。

事业单位工作人员规模宏大、分布广泛、智力密集，是我国人才队伍的重要组成部分，是国家治理体系和治理能力现代化的重要基础。事业单位人才队伍的整体素质和工作能力事关党和国家中心工作，事关第二个百年奋斗目标，事关中华民族伟大复兴。

善于学习，就是善于进步。事业单位工作人员培训是建设高素质事业单位人才队伍的先导性、基础性、战略性工程，在实现公共服务高质量发展、全面推进我国经济社会高质量发展进程中具有不可替代的重要地位和作用。事业单位工作人员培训必须坚持把深入学习贯彻习近平新时代中国特色社会主义思想作为培训的主题主线，以提高政治能力为根本，以增强推进中国式现代化建设本领为重点，全面提高公共服务本领。

人力资源和社会保障部事业单位人事服务中心（以下简称事业中心）是服务于广大事业单位和事业单位工作人员的专门机构，承担了开展事业单位工作人员培训相关规划研究、标准制定、资源建设和组织示范培训的工作职能，开发相关培训图书是中心的重要职责之一。

为贯彻落实《全国干部教育培训规划（2023—2027年）》关于推进培训教材建设的新要求，帮助事业单位工作人员更好掌握工作中应知应会的基本知识和技能，更好适应职业角色，胜任工作岗位，事业中心依托自身职能和专家优势，自2024年起，将陆续分板块、分专题组织编写事业单位工作人员应知应会培训丛书，填补国内相关领域图书空白。

丛书的编写坚持不懈用习近平新时代中国特色社会主义思想凝心铸魂，旗帜鲜明讲政治，努力贴近事业单位工作和工作人员的自身特点和学习需求。在作者和内容编写方面，坚持权威和专业，邀请相关领域的权威专家参与编写和审稿；做到体系完整、政策精准、表述规范、管用实用。在语言和编排设计方面，坚持通俗易懂，注重操作性；内容采取问答式呈现，章节编排层次清晰，案例范例贯穿其间，直观简明，便于检索，方便运用。

丛书是一套难得的帮助事业单位工作人员快速高效掌握工作中应知应会知识和技能的培训图书，欢迎广大事业单位工作人员在学习使用中提出宝贵意见。

人力资源和社会保障部事业单位人事服务中心

2024 年 5 月 31 日

前　言

立身百行，以学为先。习近平总书记指出，"干部既要政治过硬，也要本领高强"，"干部特别是年轻干部要提高政治能力、调查研究能力、科学决策能力、改革攻坚能力、应急处突能力、群众工作能力、抓落实能力"。新一轮全国干部教育培训规划提出，加强履职能力培训，加快提高干部推动高质量发展本领、服务群众本领、防范化解风险本领。

事业单位工作人员无论在什么岗位，担负什么职责，首先要掌握本行业基础知识，具备履职所需要的工作本领，不断夯实想干事、能干事、干成事的能力基础。《事业单位工作人员培训规定》明确了岗前培训、在岗培训、转岗培训和专项培训等工作要求，其中，基础知识和基本能力的培训是贯穿其中的根本前提。全面提高事业单位工作人员履职能力，特别是应知应会的基本工作能力，进而推动事业单位高质量发展，更好满足人民群众日益增长的高质量公共服务的需求，是当前和今后一个时期事业单位培训工作的重要任务。

为帮助广大事业单位工作人员更好地掌握事业单位工作中应知应会的基础知识和基本能力，事业中心精心组织编写了《事业单位工作人员基本工作能力》一书。

本书以事业中心前期事业单位工作人员培训工作调研成果为指导，在广泛征集中央和地方事业单位培训需求和建议的基础上，进行组织编写。

全书分为两个部分，第一部分为第一、第二章，简要介绍事业单位的工作能力、工作定位、工作程序等相关基础知识；第二部分为第三至第十三章，系统翔实介绍了11种基本工作能力。全书内容既兼顾系统性和全面性，又突出实用性和操作性。其中，对政治能力和公文写作、调查研究、应急处突、贯彻执行等重点能力进行了详细讲解。全书内容采用分专题、分模块设计，问答式呈现知识要点，案例范例丰富,语言规范生动,有很强的可读性。

本书邀请中央和国家机关具有丰富领导经验和管理艺术的司局级领导,以及理论功底深厚和教学经验丰富的管理学专家共同编写。事业中心领导高度重视,审定提纲和指导编写,培训规划服务处具体组织。在书稿编写过程中,我们参阅了多方面的文献,吸收了相关专家学者的研究成果,在此一并表示感谢!

希望本书的出版,能够在提升事业单位工作人员基本工作能力、创新工作思维、改进工作方法、提高工作绩效等方面发挥积极作用,成为广大读者朋友常学常悟常用的案头工具书。

由于受编写时间、篇幅、学识水平等因素的影响,本书的疏漏和不足之处在所难免,敬请广大读者指正。

人力资源和社会保障部事业单位人事服务中心
2024 年 5 月 31 日

目　录

- 第一章　绪论　/ 1
  - 第一节　事业单位工作概述　/ 1
    - 事业单位的工作特点是什么？　/ 1
    - 事业单位与其他单位有什么区别？　/ 2
    - 事业单位工作人员与公务员有什么区别？　/ 3
    - 事业单位工作有什么功能？　/ 3
  - 第二节　事业单位工作能力概要　/ 4
    - 事业单位的工作内容是什么？　/ 4
    - 事业单位改革的内容和要求是什么？　/ 4
    - 事业单位工作需要具备哪些基本能力？　/ 5

- 第二章　工作定位与程序　/ 8
  - 第一节　科学合理定位　/ 8
    - 工作中的定位是什么？　/ 8
    - 合理工作定位包括什么？　/ 9
    - 怎么从认识自己开始？　/ 9
    - 怎么客观认识自己？　/ 10
    - 怎么用良好的心态看同事？　/ 11
    - 怎么用全面的观点察同事？　/ 11
    - 怎么用谦虚的态度对同事？　/ 11
    - 怎么用宽容的精神待同事？　/ 12

第二节 熟悉工作程序 / 12
　　什么是程序？ / 13
　　程序有什么特征？ / 13
　　为什么程序是普遍遵守的基本准则？ / 13
　　按程序办事有哪些好处？ / 14
　　不按程序办事有哪些主要表现？ / 15
　　怎么做到按程序办事？ / 16

第三节 重视工作过程 / 17
　　什么是过程？ / 17
　　为什么过程因人而异？ / 18
　　为什么把握过程首先要端正态度？ / 18
　　为什么细节很重要？ / 18
　　怎么对待细节？ / 19

第四节 把握工作主动 / 20
　　什么是主动性工作模式？ / 20
　　主动性工作模式有什么特点？ / 20
　　主动与超前要怎么做？ / 21
　　怎么掌握主动与超前艺术？ / 22

第三章 政治能力 / 24

第一节 政治能力是第一位的能力 / 24
　　为什么要把握方向？ / 24
　　为什么要把握大势？ / 25
　　为什么要把握全局？ / 25
　　为什么要辨别政治是非？ / 25
　　为什么要保持政治定力？ / 26
　　为什么要驾驭政治局面？ / 26
　　为什么要防范政治风险？ / 27

第二节 政治能力的内涵与要求 / 27
　　为什么要提高以政治立场为主要依据的政治判断力？ / 28

　　　　为什么要提高以政治意识为主要依据的政治领悟力？　/ 28

　　　　为什么要提高以政治担当为主要依据的政治执行力？　/ 29

　　第三节　提高政治能力　/ 30

　　　　为什么站稳政治立场是首要前提？　/ 31

　　　　为什么把握政治方向是根本要求？　/ 32

　　　　为什么严守政治纪律是基本底线？　/ 32

　　　　为什么加强政治历练是根本途径？　/ 32

　　　　为什么夯实理论根基是必要条件？　/ 33

第四章　公文写作能力　/ 34

　　第一节　事业单位公文概述　/ 34

　　　　什么是公文？　/ 34

　　　　什么是常用公文？　/ 35

　　　　什么是事业单位公文？　/ 35

　　　　事业单位公文拟制有什么特点？　/ 35

　　　　事业单位公文的拟制要遵循哪些规则？　/ 36

　　　　事业单位公文写作要把握哪四个角度？　/ 37

　　第二节　常用公文写作方法　/ 37

　　　　请示有什么特点？　/ 37

　　　　请示的适用范围是什么？　/ 38

　　　　请示有哪些类型？　/ 38

　　　　请示的写作格式是什么？　/ 38

　　　　请示有哪些写作技巧？　/ 39

　　　　写好请示要重点关注哪些问题？　/ 39

　　　　报告有什么特点？　/ 40

　　　　报告的适用范围和类型是什么？　/ 40

　　　　报告的写作格式是什么？　/ 40

　　　　报告的写作有什么技巧？　/ 41

　　　　通知及其适用范围是什么？　/ 42

　　　　通知有什么特点？　/ 42

通知有哪些类型？ / 42
通知的写作格式是什么？ / 43
通知有哪些写作技巧？ / 43
拟写通知要注意哪些问题？ / 44
通报的适用范围是什么？ / 45
通报有哪些特点和类型？ / 45
通报的写作格式是什么？ / 45
通报有哪些写作技巧？ / 46
拟写通报要注意什么？ / 47
函及其适用范围是什么？ / 48
函有什么特点？ / 48
函有哪些类型？ / 48
函的写作格式是什么？ / 49
函有哪些写作技巧？ / 49
函的写作要注意哪些问题？ / 49
纪要及其适用范围是什么？ / 50
纪要有什么特点？ / 50
纪要有哪些类型？ / 50
纪要的写作格式有哪些？ / 51
纪要有哪些写作技巧？ / 51
纪要写作重点要关注哪些问题？ / 52
总结有哪些类型？ / 53
总结的写作结构是什么？ / 53
总结的写作技巧有哪些？ / 54
拟写总结要注意哪些问题？ / 54
简报的文种及类型是什么？ / 55
简报有什么作用？ / 55
简报的写作格式是什么？ / 55
简报有哪些要求？ / 56
拟写简报要注意哪些问题？ / 57

讲话稿及其特征是什么？ / 57
讲话稿有哪些格式？ / 58
讲话稿有哪些写作技巧？ / 58
拟写讲话稿要注意哪些问题？ / 59

第三节　公文审核要领 / 60
公文初审环节要注意什么？ / 60
公文细查环节要注意什么？ / 60
修改公文一般有哪几种做法？ / 61
公文推敲环节要注意什么？ / 61

第四节　提升公文写作能力 / 62
事业单位公文写作有哪三个锦囊？ / 62
一般文章有哪12个毛病？ / 63

第五章　调查研究能力 / 64

第一节　调查研究工作概述 / 65
什么是调查研究和调查研究能力？ / 65
事业单位调查研究重点有哪些内容？ / 65
事业单位调查研究的原则是什么？ / 66
事业单位调查研究的常见类型有哪几种？ / 66

第二节　组织调查研究 / 67
怎么准备调查研究？ / 68
怎么开展调查研究工作？ / 68

第三节　把握调研方法 / 70
事业单位常用的调研方法有哪些？ / 70

第四节　撰写调研报告 / 71
事业单位调研报告有哪几种？ / 71
怎么撰写事业单位调研报告？ / 72

第五节　做好调研总结 / 73
怎么做好事业单位调研总结？ / 73

第六章　沟通协调能力　/ 74

什么是沟通协调？　/ 74

第一节　沟通协调的内容　/ 74
事业单位沟通协调的主要内容有哪些？　/ 75

第二节　沟通协调的原则　/ 76
事业单位沟通协调要遵循哪些原则？　/ 76

第三节　沟通协调的方法　/ 77
事业单位沟通协调的前提是什么？　/ 77

事业单位沟通协调的原则有哪些？　/ 78

事业单位沟通协调的艺术性体现在哪些方面？　/ 79

怎么提高沟通协调的实效性？　/ 81

怎么强化沟通协调的均衡性？　/ 81

第四节　沟通协调的策略　/ 82
怎么对内沟通协调？　/ 82

怎么对外沟通协调？　/ 82

怎么对上沟通协调？　/ 83

怎么对下沟通协调？　/ 83

第七章　改革创新能力　/ 85

第一节　改革创新是进步的灵魂　/ 86
为什么改革创新是民族进步的灵魂？　/ 86

为什么改革创新是国家进步的源泉？　/ 86

为什么改革创新是永葆事业生机与活力的动力？　/ 87

第二节　注重观念改革创新　/ 87
事业单位工作人员观念上存在哪些问题？　/ 87

事业单位工作人员观念上的改革创新要怎么做？　/ 88

第三节　着力方式改革创新　/ 89
怎么从定式思维向创新思维转变？　/ 89

怎么从事务管理方式向政务服务方式转变？　/ 89

目 录

　　　　　怎么从参与型工作方式向参谋型工作方式转变？ / 90
　　　　　怎么从被动服务方式向主动服务方式转变？ / 90
　　第四节　务求改革创新实效 / 90
　　　　　工作观念上怎么创新？ / 91
　　　　　工作机制上怎么见效？ / 91
　　　　　工作方法上怎么创新？ / 91
　　　　　团队协作上怎么创新？ / 92

第八章　应急处突能力 / 93
　　第一节　突发事件概述 / 93
　　　　　什么是突发事件？ / 93
　　　　　突发事件有哪些危害？ / 94
　　　　　突发事件分为哪些类别？ / 95
　　　　　突发事件与国家安全有什么关系？ / 96
　　第二节　应急管理工作内容 / 96
　　　　　应急管理的工作流程有哪些？ / 97
　　　　　应急管理的工作内容包括什么？ / 97
　　　　　应急管理的工作目标是什么？ / 97
　　　　　应急管理工作需要哪些单位参与？ / 98
　　第三节　应急处突能力构成 / 98
　　　　　什么是应急处突能力？ / 98
　　　　　什么是风险预警监测能力？ / 99
　　　　　应急处置工作中该如何决策？ / 99
　　　　　如何依法应急处突？ / 99
　　　　　怎样做好风险综合分析研判？ / 100
　　　　　应急处置中怎样沟通协调？ / 101
　　　　　舆情处置该怎么做才好？ / 101
　　第四节　应急处突担当意识 / 102
　　　　　为什么应急处突需要担当意识？ / 102
　　　　　哪些情况下需要担当？ / 102

怎么做才是真担当？ / 103

有哪些错误的"担当"行为？ / 104

第九章 综合办事能力 / 105

第一节 综合办事的要义与过程 / 105

什么是综合办事？ / 105

综合办事策划阶段要注意什么？ / 106

综合办事决策执行阶段要抓好哪些环节的工作？ / 107

综合办事监督与评价阶段要突出哪些环节？ / 108

第二节 综合办事的程序与原则 / 109

程序有哪些特点和作用？ / 109

怎么实现办事程序化？ / 109

综合办事要遵循哪些原则？ / 110

第三节 综合办事的素质与能力 / 111

综合办事需要什么样的能力？ / 111

综合办事需要什么样的心理素质？ / 112

综合办事需要什么样的分析能力？ / 114

第十章 信息宣传能力 / 116

第一节 信息宣传工作概述 / 116

新时代信息宣传工作的总要求是什么？ / 117

新时代信息宣传工作面临什么形势？ / 117

新时代信息宣传工作有哪些内容？ / 118

第二节 提高信息宣传工作能力 / 119

信息宣传工作能力的总要求是什么？ / 119

为什么信息宣传工作要提高文字能力？ / 119

为什么做好信息宣传工作要加强学习？ / 120

为什么信息宣传工作要具备创新能力？ / 121

为什么信息宣传工作要具备组织能力？ / 121

为什么信息宣传工作需要说服教育能力？ / 122

为什么做好信息宣传工作要加强调查研究？ / 122

第三节 舆情处置与危机应对 / 123

舆情是怎么产生的？ / 123

为什么很多人都害怕舆情？ / 124

新时代舆情有哪些特点？ / 124

舆情是怎么引发危机的？ / 125

舆情危机应对的基本原则是什么？ / 125

媒体和舆情危机的关系是什么？ / 127

第十一章 公务礼仪能力 / 128

第一节 公务礼仪概述 / 128

什么是礼仪？ / 129

礼仪是怎么产生的？ / 129

公务礼仪和商务礼仪有区别吗？ / 130

第二节 公务礼仪常识 / 130

公务活动为什么要讲究礼仪？ / 131

公务礼仪的原则有哪些？ / 131

公务活动的限制有哪些？ / 132

公务礼仪涉及的服务有哪些层次？ / 133

第三节 公共场合的静态公务礼仪 / 133

仪容仪表可以塑造形象吗？ / 134

公务礼仪的着装规范有哪些？ / 134

公务礼仪的妆容规范有哪些？ / 135

公务礼仪的姿态规范有哪些？ / 135

公务场合的表情需要管理吗？ / 135

第四节 特定公务场景礼仪 / 136

公务接待的礼仪有哪些？ / 136

公务活动的其他礼仪有哪些？ / 140

怎么处理公务礼仪和沟通的关系？ / 140

第十二章　职业发展能力　/ 141

第一节　职业生涯与职业规划　/ 141
什么是职业生涯？　/ 141
什么是职业生涯规划？　/ 142
你了解职业生涯规划的由来吗？　/ 142
制定职业生涯规划要遵守哪些规则？　/ 143
事业单位为什么要研究职业生涯规律？　/ 144
你的职业生涯规划谁做主？　/ 145
事业单位年轻人应该如何分析自身的职业倾向？　/ 146

第二节　职业素养与职业化　/ 148
什么是职业化？　/ 148
事业单位工作人员职业化的基本内容和要求是什么？　/ 148
职业素养与职业化是什么关系？　/ 150
职业素养包括哪些内容？　/ 150

第三节　提升职业素养的途径　/ 152
事业单位工作人员培养职业道德有哪些途径？　/ 152
怎么增强事业单位工作人员的职业意识？　/ 152
良好的职业行为习惯如何养成？　/ 153
事业单位工作人员需要哪些职业技能？　/ 153

第十三章　运用方法能力　/ 155

第一节　内涵与特征　/ 155
什么是方法？　/ 155
工作方法的内涵是什么？　/ 156
工作方法有哪四个基本特征？　/ 156

第二节　层次与结构　/ 157
哲学方法、一般科学方法和具体科学方法有何不同？　/ 157
工作方法的层次与结构指什么？　/ 157
为什么说方法与能力缺一不可？　/ 158

目 录

第三节　常用的十种哲学方法　/ 158

什么是总揽全局、见微知著的方法？　/ 159

什么是有所为有所不为的方法？　/ 159

在事业单位工作怎么做到"有所为"？　/ 160

什么是"大处着眼""小处着手"的方法？　/ 161

怎么做到凡事"从大处着眼"？　/ 161

怎么做到凡事"从小处着手"？　/ 162

什么是具体问题具体分析的方法？　/ 162

怎么做到具体问题具体分析？　/ 162

什么是"走马观花"和"下马看花"的方法？　/ 163

怎么"下马看花"？　/ 163

什么是"非此即彼"和"亦此亦彼"的方法？　/ 164

怎么采用"非此即彼"和"亦此亦彼"相统一的方法？　/ 164

什么是"重点论"和"两点论"相结合的方法？　/ 164

怎么做到"重点论"和"两点论"相结合？　/ 165

什么是原则性和灵活性相统一的方法？　/ 165

怎么防止割裂原则性和灵活性？　/ 166

什么是定性和定量相结合的方法？　/ 166

什么是个人智慧和专家力量相统一的方法？　/ 167

工作中怎么选择和发挥专家的作用？　/ 167

第四节　常用的八种技术方法　/ 168

什么是系统方法？　/ 168

系统方法与传统方法有什么区别？　/ 169

系统方法有哪四个原则？　/ 169

什么是工作分析法？　/ 170

工作分析法的基本步骤有哪些？　/ 171

什么是目标管理法？　/ 171

目标管理法有哪些特征？　/ 172

采用目标管理法要关注哪三个环节？　/ 172

什么是内容分析法？　/ 173

内容分析法的核心是什么？ / 174

内容分析法的三个运用场景是什么？ / 174

什么是民意测验法？ / 175

采用民意测验法要把握哪几个原则？ / 176

什么是科学预测法？ / 177

科学预测有什么特点？ / 178

科学预测的一般程序包含哪四个阶段？ / 178

什么是概率统计法？ / 179

什么是客观概率和主观概率？ / 180

什么是项目管理法？ / 180

什么是项目和项目管理？ / 180

项目管理一般有哪些内容？ / 181

项目生命周期有哪五个阶段？ / 181

项目管理人员要重点考虑哪三个问题？ / 182

第十四章 贯彻执行能力 / 184

第一节 执行高于一切 / 184

什么是执行力？ / 185

执行力有哪些类型和特点？ / 185

提高执行力需要注意哪些问题？ / 185

请示工作要注意哪些关键点？ / 187

汇报工作有什么方法？ / 188

汇报工作要把握哪几个重点？ / 188

为什么管理平凡？ / 189

平庸有哪些表现？ / 189

怎么实现卓越？ / 190

第二节 提高执行能力 / 191

什么是"三能干部"？ / 191

事业单位工作人员为什么要"能写"？ / 192

事业单位工作人员如何做到"能说"？ / 192

事业单位工作人员怎么做到"能干"？ / 194

为什么越投入越主动？ / 195

新进事业单位工作人员怎么调整心态？ / 196

为什么行动决定未来？ / 197

为什么基层是最好的舞台？ / 197

怎么用行动铸就未来？ / 197

成功人士有哪些秘诀？ / 198

加强考核评价要关注哪些问题？ / 198

第一章
绪　论

> 事业单位是社会主义现代化建设的重要力量。当前，我国正处于全面建成社会主义现代化强国、实现第二个百年奋斗目标，以中国式现代化全面推进中华民族伟大复兴的重要时期。全面提高事业单位工作人员履职能力，加快发展社会事业，满足人民群众日益增长的公共服务需求，是当前和今后一个时期的重要任务。

第一节　事业单位工作概述

事业单位是指为了社会公共利益，由国家机关或者其他组织，利用国有资产举办从事教育、科技、文化、卫生等活动的社会服务组织。根据国家事业单位分类改革部署，我国事业单位分为公益一类事业单位、公益二类事业单位。

事业单位的工作特点是什么？

事业单位由公益性、非公益性职能部门组成，以政府职能、公共服务为宗旨，参与社会事务管理，履行管理和服务职能，为社会服务。事业单位的主管部门多为政府行政主管部门或者政府职能部门，其行为由法律法规规定，做出的决定多具有强制力。从设立目的看，事业单位设立的目的是向社会提供某一方面或者多方面的公共服务。从履行职责看，事业单位的工作职责是为国民经济和社会发展有关方面提供服务，包括改善经济、社会生产条件，增进社会福利，改进教育、文化、体育、科技事业，完善交通、医疗、养老保障，满足人民群众物质文化生活需要和对美好生活的向往等。从运行方式看，事业单位的运行主要通过向社会提供服务，加快国民经济和社会发展，进一步促进事业单位的发展。

事业单位与其他单位有什么区别？

一是与参公事业单位的区别。根据国家事业单位改革精神，我国事业单位划分为一般事业单位和参照公务员管理事业单位（以下简称参公事业单位）。参公事业单位作为一种特殊事业单位，具有一定的特点，主要体现在与行政机关和一般事业单位的区别与联系上。参公事业单位和行政机关二者编制管理不同，却实行相同的人事管理制度，即公务员制度。原则上，我国公共部门根据不同的编制类型，实行不同的人事管理制度，行政编制人员实行公务员管理制度，事业编制人员实行事业单位人事管理制度。然而，参公事业单位是我国编制管理和人事制度管理中的例外，也就是说，参公管理事业单位工作人员的编制虽然在事业编制序列，但却按照公务员管理办法进行管理，即这类单位应当参照《〈中华人民共和国公务员法〉实施方案》要求，对人员进行登记，确定职务与级别，套改工资，并参照公务员法及其配套政策法规，对单位内除工勤人员以外的工作人员进行管理。参照管理的单位不实行事业单位的专业技术职务、工资、奖金等人事管理制度。虽然参公事业单位和行政机关都实行公务员制度，但行政机关的工作人员通常被称为"公务员"，而参公事业单位的工作人员也被称为"参公人员"。

二是与企业单位的区别。事业单位是具有公益性质，为社会提供公共服务的组织，事业单位绩效工资和企业绩效工资经费来源和保障不同。企业绩效工资取决于企业盈利情况，根据企业的薪酬战略及绩效考核结果进行支付；而事业单位根据不同类别，其绩效工资的经费来源和保障有所不同。中小学义务教育绩效工资经费来源主要由县级财政保障，省级财政统筹，中央财政对中西部及中部部分财力薄弱地区给予适当补助。其他事业单位实施绩效工资所需经费，按单位类型不同，分别由财政和事业单位负担。

三是与行政单位的区别。主要区别表现在以下3个方面：内涵不同。行政单位属于国家机关，而事业单位属于社会服务组织。担负的职责不同。行政单位负责对国家各项行政事务进行组织、管理和指挥；事业单位是为了社会公益目的从事教育、文化、卫生、科技等活动。编制和工资待遇的来源不同。行政单位使用行政编制、由国家行政经费负担；事业单位使用事业编制，由国家事业经费负担，如全额拨款、财政补助、事业单位企业化管理。行政单位人员的工资按照公务员法的规定由国家负担，而事业单位根据不同管理模式实行不同待遇。

事业单位工作人员与公务员有什么区别？

事业单位工作人员与公务员的主要区别表现在以下4个方面：一是在工作性质方面。公务员从事的主要是国家行政事务性工作；事业单位人员从事的主要是社会公益性工作，或者说非营利性工作。二是工资收入方面。公务员的工资收入是按照国家公务员管理的相关规定发放，并根据国家财政状况进行调整；事业单位人员的工资由当地消费水平及财政收入水平决定，全额拨款事业单位由财政拨款发放工资，财政补助事业单位由国家财政等给予部分补助，自收自支事业由单位自主发放，接受政府和有关部门管理。三是保险福利方面。公务员享受的保险福利按照公务员法有关规定执行；事业单位人员享受的保险福利按照国家机关事业单位社会保障制度改革的有关规定执行。四是用人方面。公务员的录用、提升、退休、辞退、辞职等按照国家关于公务员考核、奖励、回避、职务与职级并行等规定执行；事业单位人员的录用、提升、退休、辞退等按照《事业单位人事管理条例》等有关规定执行。

事业单位工作有什么功能？

从功能上看，事业单位工作有以下3个特点：

一是服务性。这是事业单位工作最基本、最鲜明的特征。事业单位主要分布在教、科、文、卫等领域，是保障国家政治、经济、文化生活正常进行的社会服务支持系统。

二是公益性。在社会主义市场经济条件下，市场对资源配置起决定性作用，但在一些领域，某些产品或服务，如教育、卫生、基础研究、市政管理等，不能由市场完全提供。为了保证社会生活正常进行，需要政府组织管理者委托公共服务机构解决该类问题。事业单位追求的首先是社会效益，同时，为实现自身的健康发展和社会服务系统的良性循环，根据国家规定，有些事业单位会向接受服务的单位或个人收取一定的服务费用。

三是知识密集性。绝大多数事业单位是以脑力劳动为主体的知识密集性组织，专业人才是事业单位的主要人员构成，利用科技文化知识为社会各方提供服务是事业单位的主要工作。事业单位是社会生产力的重要组成部分，在国家科技创新体系中居于核心地位。

第二节　事业单位工作能力概要

事业单位是为了社会公益目的，从事教育、科技、文化、卫生、体育等活动，并以非营利性为主的社会服务组织，属于非公共权力机构。事业单位由法定机关审批，依法登记，主要从事政府职能派生事务工作。

事业单位的工作内容是什么？

事业单位名称有明显特征，一般以中心、会、所、站、队、院、社、台、宫、馆等字词结尾，如会计核算中心、卫生监督所、司法所、质监站、安全生产监察大队、住房公积金中心等。

事业单位是非物质生产和劳务服务的社会公共组织，受国家行政机关领导，工作内容主要是组织教育、科技、文化、卫生、体育、社会福利、城市公用事业等相关活动，提供有关服务和产品，为自然人、法人和国家经济社会发展服务。

事业单位改革的内容和要求是什么？

2011年，《中共中央　国务院关于分类推进事业单位改革的指导意见》指出，事业单位分类改革是指将现有事业单位按照社会功能划分为承担行政职能、从事生产经营活动和从事公益服务三个类别。对承担行政职能的，逐步将其行政职能划归行政机构或转为行政机构；对从事生产经营活动的，逐步将其转为企业；对从事公益服务的，继续将其保留在事业单位序列，强化其公益属性。根据职责任务、服务对象和资源配置的不同，从事公益服务的事业单位又被划分为两类：承担义务教育、基础性科研、公共文化、公共卫生以及基层基本医疗服务等基本公益服务，不能或不宜由市场配置资源的，划入公益一类；承担高等教育、非营利性医疗等公益服务、可部分由市场配置资源的，划入公益二类。

党的十八大报告提出，要推进事业单位分类改革。党的十八届三中全会指出，要加快事业单位分类改革，加大政府购买公共服务力度，推动公办事业单位与主管部门理顺关系和去行政化，创造条件，逐步取消学校、科研院所、医院等单位的行政级别。建立事业单位法人治理结构，推进有条件的事业单位转为企业或社会组织。建立各类事业单位统一登记管理制度。党的十九大报告提出，要深化事业单位改革，强化公益属性，推进政事分开、事企分开、管办分离。党的十九届三中全会提出，加快推进事业单位改革，全面推进承担行政职能的事业单位改革，理顺政事关系，实现政事分开，不再设立承担行政职能的事业单位。加大从事经营活动事业单位改革力度，推进事企分开。区分情况实施公益类事业单位改革，面向社会提供公益服务的事业单位，理顺同主管部门的关系，逐步推进管办分离，强化公益属性，破除逐利机制；主要为机关提供支持保障的事业单位，优化职能和人员结构，同机关统筹管理。全面加强事业单位党的建设，完善事业单位党的领导体制和工作机制。党的二十大报告提出，完善办事公开制度，拓展基层各类群体有序参与基层治理渠道，保障人民依法管理基层公共事务和公益事业。

事业单位工作需要具备哪些基本能力？

2017年10月，习近平总书记在党的十九大报告中提出，我们党既要政治过硬，也要本领高强，要增强学习本领、政治领导本领、改革创新本领、科学发展本领、依法执政本领、群众工作本领、狠抓落实本领、驾驭风险本领。2020年10月，习近平总书记在春季学期中央党校（国家行政学院）中青年干部培训班上强调，面对复杂形势和艰巨任务，我们要在危机中育先机、于变局中开新局，干部特别是年轻干部要提高政治能力、调查研究能力、科学决策能力、改革攻坚能力、应急处突能力、群众工作能力、抓落实能力，勇于直面问题，想干事、能干事、干成事，不断解决问题、破解难题。从增强"八项本领"到提高"七种能力"，这是新时代党和国家对干部素质的要求，青年干部要在实践中不断锤炼"八项本领"、铸就"七种能力"。

在2021年春季学期中央党校（国家行政学院）中青年干部培训班上，习近平总书记强调，年轻干部是党和国家事业接班人，必须立志做党的光荣传统和优良作风的忠实传人，不断提高政治判断力、政治领悟力、政治执行力，使自己的政治能力同担任的工作职责相匹配。在2022年春季学期中央党校（国家行政学院）中青年干部培训班上，习近平总书记强调，年轻干部要胜任领导工作，需要掌握的本领是很多的。最根本的本领是理论素养。马克思主义立场、观点、方法是做好工作的看家本领，是指导我们认识世界、改造世界的强大思想武器。党员干部一定要加强理论学习、厚实理论功底，自觉用新时代党的创新理论观察新形势、研究新情况、解决新问题，使各项工作朝着正确方向、按照客观规律推进。

习近平总书记对中青年干部特别是年轻干部应具备的基础能力总要求，对事业单位工作人员具有十分重要的指导意义。在事业单位工作，需要具备哪些能力，不同部门有不同的答案，不同工作有不同的要求，但从普遍意义上讲，习近平总书记所强调的政治能力、调查研究能力、科学决策能力、改革攻坚能力、应急处突能力、群众工作能力、抓落实能力7个方面的能力，是放之四海而皆准的道理，是事业单位工作人员必须具备的基本素质和要求。

2023年1月，中共中央组织部、人力资源社会保障部共同印发了《事业单位工作人员考核规定》（以下简称《规定》）。《规定》提出，为准确评价事业单位工作人员的德才表现和工作实绩，规范事业单位工作人员考核工作，推动建设堪当民族复兴重任、忠诚干净担当的高素质专业化事业单位工作人员队伍，把新时代好干部标准落到实处，根据《事业单位人事管理条例》和有关法律法规，制定本规定。《规定》指出，事业单位工作人员考核，是指事业单位或者主管机关（部门）按照干部人事管理权限及规定的标准和程序，对事业单位工作人员的政治素质、履职能力、工作实绩、作风表现等进行的了解、核实和评价。事业单位工作人员考核工作，坚持以习近平新时代中国特色社会主义思想为指导，贯彻新时代党的组织路线和干部工作方针政策，着眼于充分调动事业单位工作人员积极性、主动性、创造性，促进新时代公益事业高质量发展，坚持尊重劳动、尊重知识、尊重人才、尊重创造，全面准确评价事业单位工作人员，鲜明树立新时代选人用人导向，推动形成能者上、优者奖、庸者下、劣者汰的良好局面。对事业单位工作人员的考核，以岗位职责和所承担的工作任务为基本依据，全面考核德、能、勤、绩、廉，突出对德和绩的考核。其中，对能方面的考核，《规定》提出，全面考核适应新时代要求履行岗位职责的政治能力、工作能力、专业素养和技术技能水平，重点了解政治判断力、政治领悟力、政治执行力和学习调研能力、依法办事能力、群众工作能力、沟通协调能力、贯彻执行能力、改革创新能力、应急处突能力等情况。《规定》提出,对事业单位工作人员实行分级分类考核,要体现不同行业、不同类型、不同层次、不同岗位工作人员的特点和具体要求。其中,对事业单位专业技术人员的考核,以创新价值、能力、贡献为导向,注重公共服务意识、专业理论知识、专业能力水平、创新服务及成果等;对事业单位管理人员的考核,应当结合管理工作特点,注重管理水平、组织协调能力、工作规范性、廉政勤政情况等;对事业单位工勤技能人员的考核,应当结合工勤技能工作特点,注重技能水平、服务态度、质量、效率等。

总之,依据《事业单位人事管理条例》《事业单位工作人员考核规定》,对事业单位工作人员的考核总体上要围绕德、能、勤、绩、廉5个方面来开展。而对于能方面的要求,简而言之,是政治能力及学习调研能力、依法办事能力、群众工作能力、沟通协调能力、贯彻执行能力、改革创新能力、应急处突能力8个方面,这8个方面的能力,也是当前我国事业单位工作人员应当具备的基本能力。

第二章
工作定位与程序

> 把握工作定位，熟练运用工作程序，是事业单位人员开展工作的前提，也是其基本能力的表现。

第一节 科学合理定位

任何人在事业单位工作必然要经历很多事情，遭遇各种挑战，工作是否顺畅，发展是否顺利，科学合理定位是必须面临的第一个挑战。

一、合理工作定位

无论是初来乍到事业单位工作，还是进退留转到事业单位岗位，都有一个合理定位问题。

工作中的定位是什么？

"定位"是指根据周边环境、形势发展和工作要求，确定自己的角色目标、行为方式、工作规划和发展目标，从而更好地为中心工作服务。事业单位工作人员在工作中的定位是指，根据自身所承担的工作职责，本部门、本单位对自己工作的要求等因素，在清醒认识自己的性格特点、长处和短处及优势和不足等情况下，明白自己担当的角色、承担的任务和领导对自己的要求后，为对象提供及时、到位和高质量的服务而进行的一系列思考和规划的活动。

合理工作定位包括什么？

合理定位有利于事业单位工作人员从全局高度，认识和把握事业单位建设、发展中的各类具体问题，有利于激励和团结全体人员为实现事业单位工作目标而共同奋斗。对事业单位工作人员而言，把握定位既要把握时代定位和职责定位，也要把握目标定位、关系定位、功能定位和行为定位，只有这样，才能成为合格而优秀的事业单位工作人员。

二、认识自己是前提

合理工作定位的重要前提是正确认识自己、正确认识他人。一个人只有正确认识和把握自己及他人，才能有科学合理的定位。"认识你自己"是铭刻在希腊北部小镇德尔斐阿波罗神庙墙壁上的一句铭文。古希腊哲学家苏格拉底将其作为哲学研究的切入点，作为自己的人生信条。在苏格拉底看来，人最难做到的就是认识自己，一个人一旦认识了自己，就认识了自己的心智和灵魂，就必然得出"自知自己无知"的结论。他认为这样的人生才是真正实践荣誉、真理和正义的人生。

怎么从认识自己开始？

"认识你自己"是转换角色、合理定位的第一步。苏格拉底"认识你自己"的命题中，包含直面人生、感悟生命的重要意义。人作为社会存在的个体，既有其自然生命、精神生命，又有其价值生命和智慧生命。自然生命是人生命之根本，精神生命是人生命意义之升华，价值生命是对人生命的判断与取向，智慧生命是对人生命的创造与超越。

进一步说，"认识你自己"的现实意义就是要求我们更加珍惜生命、关注生命，不断提升生命存在的价值，彰显人生意义。如果没有良好的道德品质、乐于奉献的精神追求、和合向善的人生志趣，那么人类社会就无所谓文明。同样，如果没有知识，没有道德，没有追求和理想，又何谈人生价值？因此，事业单位工作人员对自己的认识，不能仅停留在认识生命意义的初级阶段，而要向更高的阶段迈进，即思考生命的终极意义——人生的伟大追求和事业单位工作的终极目标。

怎么客观认识自己?

宋代理学家程颐认为,外事之不知,非患也,人患不能自见耳。这句话的意思是旁外的事不知道没有什么可忧虑的,人所忧虑的是不能正确认识和把握自己。每个事业单位工作人员都有自己的长处和短处,如果一个人只看到自己的长处,无视自己的短处;只看到自己过去的灿烂,无视同事和领导曾经的辉煌,就不能客观认识自己,正确把握自己,最终就会犯错误,这种错误小的害人害己,大的则贻误国家。

事业单位工作人员要在单位和社会"做人",必须认识到:面对自身,要了解自我,做到人与自身的和谐统一;面对他人,要协调沟通,做到与他人的和谐共处;面对社会,要学会融入和适应,做到人与社会的和谐共荣,最终超越庸俗,用新的希望唤醒工作激情,追求美好而有意义的人生。

三、认识同事是基础

全面认识同事是事业单位工作必修的第一课。及时、准确、完整、客观地认识同事,既能帮助我们掌握同事的性格特点、兴趣爱好和心理特征,又能帮助我们学会与同事相处,建立和谐的工作关系,避免工作走弯路和岔路。事实上,每个人若要事业取得成功,仅有很强的工作能力是不够的,还必须脚踏实地,既要做好分内工作,又要全面认识同事,同时关注发展大势。

[案例参考]

著名作家王蒙在其《我的人生哲学》中指出,记住,人际关系永远是双向的,学人者恒学之,助人者恒助之,敬人者恒敬之,爱人者恒爱之。同时,说人者恒说之,整人者恒整之,害人者恒害之,耍人者恒耍之,虚伪应付人者恒虚伪应付之。①

总之,事业单位工作人员要全面认识同事,关键要把握以下4个方面。

---

① 张传禄. 机关的机关[M]. 北京:金城出版社,2007:41.

怎么用良好的心态看同事？

同事关系一经建立，就必然会发生工作和生活上的广泛联系。作为同事关系中的一方，不应奢望通过经营同事关系找到事业成功的快速通道；也不应"各人自扫门前雪，莫管他人瓦上霜"，自我封闭、处处设防，害怕甚至拒绝与同事接触。

正确的立场是应当把与同事交往的基点放在平等相处、共同受益的愿望上。这就要求事业单位工作人员在与同事交往前，要排除杂念和成见，特别要防止自己的"先验图式"（即先入为主的看法），并注重涵养和塑造自己个性，用良好的心态看待同事。在具体工作中，要善于主动与同事交流思想，了解同事所思所想，正确表达自己愿望。特别要注意克服人际交往中腼腆、内向、过于敏感的思想障碍，敞开胸怀，广交朋友，发展友谊，增进感情，共同营造积极向上的人际氛围。

怎么用全面的观点察同事？

人总有优缺点，对人对事因立场和观点不同，看法必然各异。总体上说，除一般政治原则外，人对人的看法主要根植于思想感情中。如果对人没有信任和理解，不能平等待人，就常常看人不顺眼；如果夹杂私人感情，对人的看法也会迥然各异。而且人总是用自己的尺度去衡量和看待周围的人和事。有趣的是，当发现某个人身上有令人不能苟同的缺陷时，自己往往也存在这种缺陷，所以，有"正人先正己"的古训。

由于同事之间看问题的角度，以及思想方法、工作经验、经验阅历等方面存在差异，相互之间有分歧就十分正常。因此，事业单位工作人员坚持用全面、动态、客观、理性的观点看同事，是一种思想境界、一种品德要求，也是一种政治品格。

怎么用谦虚的态度对同事？

事业单位工作人员中有些人处理不好同事关系的一个重要原因是不谦虚谨慎，过于相信自己的实力，如，有的过于相信自己毕业的名校和获得的文凭，有的过于炫耀自己的留洋经历和获得的荣誉，有的过于依仗自己的"背景"和"关系"等。当他们高估自己后，心理上会有"一览众山小"的优越感，行为上会有"舍我其谁"

的"英雄"气概，有些表现极端的甚至在领导和同事面前恶意中伤，或者故意贬低别人、抬高自己。

事实证明，在事业单位工作不仅要有实力，而且要有谦虚的态度和诚挚的心灵，要善于中和与协调，善于在复杂的条件下创造宽松和谐的工作环境，以获得同事的欢迎和信赖。气盛的人往往得理不饶人，高傲的人往往颐指气使。因此，要放低自己的姿态，把以往的成功归零，用谦虚的态度和诚挚的心灵学习同事的经验，以更好地武装自己。

古人认为，美人溺于美，才好倒于才；还有的人认为，美人之美、美己之美、美美与共、天下大同。这些话提醒我们，切不可陶醉于自己的美和才，更不可以此傲视群雄、盛气凌人，否则就会成为自身事业发展的"掘墓人"和"埋葬者"。

怎么用宽容的精神待同事？

在工作中，同事之间难免会产生各种矛盾，解决这些矛盾，涉及内部关系协调和全局事业发展。处理得当不仅能化解矛盾，而且能增进友谊，促进团结；处理不当则必然激化矛盾，影响感情，妨碍工作，于己、于人、于团队都不利。

事业单位工作人员要学会用宽容的精神看同事。具体工作中，要有平和的态度，凡事商量着办。诚心诚意，宽宏大度。对冒犯自己的人，要理性分析，拿捏有度，不得理不饶人；对批评自己的人，要热情欢迎，不耿耿于怀，甚至打击报复；对帮助自己的人，要心存感恩，加倍偿还。总之，用宽容的精神看同事，不是逶迤曲直，不是没有个性，而是登高望远的非凡境界。

第二节　熟悉工作程序

按程序运转、分层次处理、按规则办事，是做好事业单位工作的根本要求。在一定意义上，事业单位工作人员按不按程序办事，会不会按程序办事，不仅是工作态度和工作技巧问题，而且是政治和党性原则问题。

一、程序及其特点

什么是程序？

《辞海》中说，程序是按时间先后或依次安排的工作步骤。常言道，万物有理，四时有序。这里的"序"是顺序、次序、程序的意思。自然界是这样，人类社会也是这样。"序"就是事物发生发展、运动变化的过程和步骤，是客观规律的体现，反映到实际工作中，就要求我们办事情必须讲程序。

程序有什么特征？

程序通常具有普遍性、实践性和层次性的特征。一是整体性，任何程序都是一个小的闭合循环系统，组成该系统的各要素完整而不可或缺；二是有序性，程序的每个环节都是一种有规则的排序，不能随意颠倒和重组；三是直观性，程序是操作性的步骤和方法，一般易学、易懂、易用；四是稳定性，程序是客观事物发展规律在时间维度上的排列，具有重复性和可复制性的特点；五是政策性，程序一般反映政策和策略要求，法律法规和方针政策通常以程序方式向大众传播，具有明显的约束性特点。

为什么程序是普遍遵守的基本准则？

事物的发展变化都是在一定空间和时间上排列进而展开的。从空间上看，事物的发展变化可以分解为若干个组成部分；从时间上看，事物发展变化的各部分都要占用一定时间并具有一定次序。比如，"种植"行为，就可以分解为播种、施肥、灌溉、收割等部分，这些部分均占用一定时间，并且有相应的先后次序。如果不在一定时间播种，或者把收获和施肥的次序颠倒，那么种植行为就无法达到预期目的。所以，顺时而动、不违农时是我国几千年农耕文明的基本规律，也是基本程序。正是因为程序反映了事物之间客观、内在的联系和规律，体现了人们有目的的行为过程，所以，各行各业按程序办事就成为一项普遍遵守的基本准则。比如，在政府管理工作中，我们就十分重视程序问题。2023年3月17日，国务院第一次全体会议通过的《国务院工作规则》指出，坚持科学民主。强化系统观念，增强工作的前瞻性、整体性、协同性。全面落实重大决策程序制度，加强调查研究、科学论证、风险评估、合法性审查，广泛听取各方面的意见和建议。涉及社会公众切身利益的重要规划、重大公共政策和措施、重大公共建设项目等，应当充分评估论证，采取论证会、听证会或者其他方式听取专家和社会公众意见。建立健全重大决策跟踪反馈制度，加强后评估，不断提高决策质量。

二、按程序办事作用巨大

按程序办事有哪些好处？

减少摩擦要靠程序。事业单位工作中最难处理的问题是人与人之间的利益关系，任何一点随意性都有可能造成工作"内伤"。要做到让每一个人都心理平衡，处理林林总总的棘手问题最有效办法还是程序和规则。事业单位工作人员只要严格按程序办事，不因为个人好恶变更程序、违背规则，即使事情的最终结果有些不尽如人意，但仍然可以取得公认，获得认同。

提高效率要靠程序。按程序办事规范了所有人的行为方式。大家按照事先约定、统一的程序办事，工作中的协调次数和协调时间就会大大减少。很多事情并不需要反复请示上级、协调同级，只需根据事先制定好的规则进行决策和行动。这样既提高了行为效率，又降低了决策成本。相反，若不按程序办事，就把所有的程序化决策都变成了非程序化决策，大大增加了劳动强度和工作量，其效率也就大打折扣。

实现公平要靠程序。事业单位行为的基本目标是提供公共服务，维护社会公平和正义。按程序办事虽然耗费时间，但由于其整体性、有序性、不可颠倒性等特点，可有序对资源进行合理整合与分配，从而获得较高的工作效率。相反，不讲程序很容易使管理行为陷入混乱，也无法有效整合各种资源，从而降低效率。就程序与公平的关系来说，程序是实现社会公平正义的一种形式，社会公平正义则是通过合理程序获得的一种实质性结果。

发展事业要靠程序。靠程序办事可能会得罪某些人，但保证了整体行为的一致性、协同性和高效性。在企业界，我国有"富不过三代"说法，而西方发达国家很多大公司都有上百年历史。家族企业中，家长的"灵机一动"有时虽然是整个公司的灵魂，但很难做到按程序办事，因为在很多情况下，所有的制度和程序在家族的"饭桌"上都可能化为一张废纸，甚至废纸都不如。事业单位虽然不是家族企业，但如果该单位领导独断专行、颐指气使，很可能会毁了整个单位和部门的事业。因此，按照程序办事是确保事业发展的正当途径。

三、不按程序办事祸害无穷

程序是把好事办好的基本前提，不按程序办事则可能把事情办砸，甚至把好事办成坏事。

不按程序办事有哪些主要表现？

一是遗漏程序。执行程序有"漏洞"，应该进行的工作步骤没有进行，究其原因，既有客观的，也有主观的。客观上讲，有的是因为刚进事业单位不久，工作时间不长，对工作环境、业务情况不熟悉；有的是因为工作要求过急，忙中出漏；有的是因为工作任务多，时间跨度大导致遗忘。主观上讲，有的是工作疏忽；有的是不认真、不仔细；有的是另有企图，没有把主管领导的意见及时反馈给有关部门领导，造成部门领导之间工作的被动。不过，无论是什么原因，遗漏程序对工作的损害都是严重的。

二是超越程序。主观上对应执行的程序不去执行。比如，有的事业单位工作人员在办文或办事过程中图省事，故意超越工作步骤，不向直接领导汇报，而是越一级甚至越多级汇报。这种现象一方面造成重复劳动，降低工作效率；另一方面容易造成领导意见不统一，影响团结，给领导工作和正常秩序带来被动。

三是颠倒程序。该先办的事情后办，该后办的事情先办，该先请示的后报告，该后报告的先请示。执行程序主次不分、先后不分，尤其是不按重要程度和紧急状况办事，必然会造成工作的被动。

四是肢解程序。对上讲程序，对下不讲程序；对内讲程序，对外不讲程序；要求严的工作讲程序，要求不严的工作不讲程序；对己有利的事情讲程序，对己不利的事情不讲程序。

[案例参考]

2023年8月，××市河水区建筑设计研究院（公益二类事业单位）有关同志向河水区委、区政府反映，河水区建筑设计研究院对外转让其持有的中大建筑1%股份过程中，可能存在违纪问题。河水区纪委监委成立专案组对有关问题进行初步核查。

"河水区建筑设计研究院属于国有参股公益二类事业单位,股东股权转让是重大事宜,领导干部在这个过程中有无请示报告?是否遵守相关政策规定?"对问题线索进行初步分析后,专案组人员展开行动。

专案组人员兵分两路,一路前往中大建筑、股权变更登记处调取相关资料,另一路直接找研究院院长相关人员展开谈话。

"研究院股权转让,是你签批同意使用公章的吧?"专案组人员开门见山地问道。

"我认为不是什么大事,就同意了。当时并不清楚文件盖完章就能直接办理工商变更登记了。"刚开始,面对专案组的询问,院长不以为意。

"股权变更这么大的事,你为何事前不请示,事后不汇报?"

"我想着自己是一把手,这件事能拍板。"院长在询问中逐渐心虚,"我只是同意盖章,法律文书上签字的不是我……"

"事后我才意识到,转让这1%的股权后,另外两家股东有可能合并股权,从而代替××区投资管理集团有限公司成为控股股东。"他补充道。

而另外一边,办公室主任回答:"我看到院长已经签字,他也打电话给我,让我配合办理单位股权变更手续,确认之后我也就在文件上签名了。"

经过专案组多方核查,事实逐渐浮出水面。

经查,院长在明知××区政府、区国资委、区投资管理集团有限公司一直对建筑设计研究院股权转让事宜持明确反对意见的情况下,违反有关规定对股权转让这一重大事项既不事前请示,也不事后报告,即签名同意在单位变更备案申请书等法律文件上使用公章,并在相关法律文件上签名及出借身份证,导致国有资产面临监管漏洞和重大风险。院长还存在违反议事规则个人决定其他重大事项问题,受到撤销党内职务、政务撤职处分。

怎么做到按程序办事?

每项工作都有若干个工作阶段和工作步骤,它们之间承前启后,环环相扣。在完成每项工作的过程中,必须按照程序规定的步骤和次序依次展开,不能随意跳跃或颠倒。每个阶段和步骤实施前,要预先做好各方面准备,包括数据、材料收集,人力、物力、财力协调,沟通上下、左右、内外关系,预测实施过程中可能出现的情况和问题,有针对性地制定方案等。此外,每个阶段和步骤的衔接要紧凑有序。

要讲求时限，该上午完成的不能拖到下午；该今天完成的绝不能放到明天。在事业单位办公室或者综合部门工作，经常听到"今天再晚也是早，明天再早也是晚"的说法，说的就是"凡事不能拖"的道理。

第三节　重视工作过程

世界的运动、变化、发展是一个过程，一切事物无不处在一定过程中。毛泽东同志指出，"事物总是作为过程向前发展的"。

一、过程及其内涵

什么是过程？

过程是事物的有限存在和无限发展在时间、空间和条件上的辩证统一，是事物存在的基本形态和发展必然联系的体现。事物发生、发展、完结的历史就是该事物相对完整的过程。整个世界是总的系统过程，是无数过程的集合体；各个具体事物的过程又是世界系统过程的一个部分或一个阶段。

[案例参考]

《道德经》第四十八章中说，为学日益，为道日损。损之又损，以至于无为。无为而无不为。老子的人生修养过程是在宏观的宇宙本体论的背景下提出的。"道"的宇宙本原、生命本体及价值本体性是老子式人生修养的基本背景。老子式修养的前提是"为道"，在老子看来，"道"是宇宙本原，是万物之母，因而万物都具有道的本性。而"悟道"的过程，则是"损之又损"的过程。这个过程在生活实践中就是自觉地克损（一层一层克损）自己的欲望，经过知止、崇俭、弃智、去欲等环节，最终达到无私无欲（无为）的素（淳）朴境界。

为什么过程因人而异？

"过程"对事业单位工作人员来讲，都是统一不变的，但由于其中掺杂了不同的态度，于是过程与过程就有了不同。有的人生活工作的过程很精彩，留下许多物质和精神财富及贡献，离任后很受人尊敬和怀念；有的人则过程暗淡，只满足于衣食住行、声色犬马，人生如匆匆过客，没有留下任何痕迹，离任后从未被人记起。事业单位工作人员之间有如此大的差别，根本原因还在于态度，在于人生境界的追求不同。

二、过程关键在态度

从事物发生发展的角度看，事业单位工作的每项任务本身是一个过程，而事业单位工作人员的成长与发展也是一个自然历史过程。

为什么把握过程首先要端正态度？

在一定意义上，在事业单位工作是悟道的过程，在这个过程中，有的人把工作当成事业，孜孜以求，勤勉努力，最终成就一番伟业；有的人把工作当成职业，仅是为了养家糊口，别无他求；有的人把工作当成副业，上班时间干私活，晚来早走，对付工作，应付领导，对单位的事情向来无所用心。所以，事业单位工作人员要端正态度，把事业单位工作当成自己毕生追求的事业来干，而不是仅当成职业甚至副业干。

三、把握过程要关注细节

为什么细节很重要？

著名管理学家卡耐基曾提出，一个不经意的细节，往往能反映出一个人深层次的修养素质。很多人都有扫天下而不事一屋的心理，往往愿意做大事而对小节不屑一顾，实质上这是极其错误的想法。事业单位工作人员首先要注意自己，因为在很多场合你就是本单位形象的代表。当然，展示完美的自己很难，需要关注每个过程和细节；但损毁自己很容易，只要一个细节没注意到，就有可能带来难以挽回的影响。因为一些不经意中流露出来的"小节"，往往能反映一个人深层次的素质和涵养。所以，对待细节一定不能马虎。

[案例参考]

年前的一天，小张去一家事业单位应聘，一路过关斩将，从200多名应聘人员中杀出，终于获得该单位一把手主任的召见。

那一天，他飘飘然地走进该事业单位办公室，主任不在，只有一位年轻的办公室女文秘洋溢着职业的微笑，对小张说："先生，您好，我们主任这会儿不在，主任让您给他打个电话。"

小张掏出手机，拨了一串号码。但就在这时，他看见办公桌上有两部电话，就问那位小姐："我可以用吗？"

"可以。"女文秘依然微笑着。

小张拿起电话，终于和主任联系上了。主任兴奋地说："小张啊，我看了你的简历，听闻了你的面试情况，的确很优秀，欢迎你加入我们单位。"

小张高兴得心花怒放，第一反应就是要将这个激动人心的好消息与女朋友分享。半个月前，小张的女朋友出差去了国外。小张刚拨通手机，却又迟疑了：这可是国际长途啊。这时，他又看了那两部电话，忽然想到：我都快是这个单位的人了，这个单位是大单位，不差钱，不会在乎这一点儿电话费。于是，他便拿起电话："喂，丽丽吗？告诉你一个好消息，主任已经……"

恰在这时，另一部电话响起。

"先生，您的电话。"女文秘送了他一个浅浅的微笑。

"对不起，小张，刚才我的话宣布作废。通过DVD监控，你没有闯过最后一关，实在抱歉。"主任在电话里温和地对他说。

"为什么？"小张呆呆地问。

女文秘惋惜地摇摇头，叹息道："哎。许多人和您一样，都忽略了一个细节，在成为单位正式员工前，明明你身上有手机，为什么不用手机而用单位电话呢？"

怎么对待细节？

对待细节和小事，一要高度重视，二要极度关注，三要耐心做好，这其中体现的不仅是素质，还决定事业的成败。

[案例参考]

周恩来同志曾经担任新中国的国务院总理,虽然他的职位很高,但他强调的却是关照小事,成就大事。他一贯要求身边工作人员,尽可能考虑事情的每个细节,最反感"大概""可能""也许"的做法。

周恩来同志正是以这种一丝不苟的精神,不仅赢得了中国人民的爱戴,而且受到国际友人的尊敬。美国前总统尼克松说过,对周恩来而言,任何大事都是从注意小事入手这一格言,是有一定道理的。他虽然亲自照料每棵树,但也能够看到森林。[①]

第四节 把握工作主动

个体和组织的工作绩效主要根据任务或目标所达成的程度来衡量。

一、主动与超前是制胜法宝

国际应用心理学会主席弗勒斯(Frese)提出了个人主动性(personal initiative,PI)的新型工作模式。

什么是主动性工作模式?

该模式认为,积极雇员的典型行为特征包括自我效能感、负责、积极寻求反馈等。其主要观点是,工作中的人们能够超越所分配的任务,发展他们的目标或确立自己的目标,有能力从长远的角度看待工作的结果。换言之,个人主动性就是个体采取积极和自发方式,通过克服障碍与挫折,完成工作目标和任务的行为方式。

主动性工作模式有什么特点?

主动工作模式有3个维度:一是自发性。自发性意味着在没有明确指示和角色

---

① 汪中求. 细节决定成败[M]. 北京:新华出版社,2004:7-8.

要求的情况下，员工自主完成一些任务，是员工对自己设定目标的追求。如科长自发采取一种管理策略来提高部门效率。二是前瞻性。前瞻性意味着员工具有长远视角，会因为考虑将来而预先做一些工作。当问题与机会来临时，他们就可以有效处理。三是克服困难。当员工采取主动行为时，要实现目标，克服困难是必需的。一般而言，个人主动性意味着一个程序、任务被增加或删改，通常会遭遇失败甚至倒退，这就需要不断克服困难、坚持到底。也就是说，主动工作、超前考虑工作中的问题，是提高工作绩效、实现工作目标的最有效方法。

二、主动与超前的内在特征

事业单位工作人员主动和超前工作，一般有以下要求。

主动与超前要怎么做？

一是率先，即首先想到和做到。比如，单位要做的事情，如果你首先想到并向领导提出建议，然后由领导决定采取行动，就是主动性的表现；当知道领导要做什么事但还没有向你布置时，你却已经做好了充分准备，这也是主动性的表现。这两种情况都是事业单位工作人员十分重要的行为品质。

二是自为，即我要干。人们通常所说的"我要干"就属于主动，"要我干"就属于被动。员工把单位的事当成自己的事，把机关的事当成自己的大事，把做事当成发挥自己聪明才智和自我实现的机会，都属于"我要干"。这种由自发到自觉和自为的状态，是心理层次上的高级发展状态。

三是投入，即干事劲头足，心无旁骛。员工做事时如果兴趣十足、全力投入，就是乐意干并有信心的表现，实际上也是积极性、主动性的表现，这是行为表现上的特征。

四是为他，事业单位工作人员与服务对象之间的关系，是提供服务与接受服务的关系。事业单位工作人员提供的服务都是直接"为他"，而不是为己。所以，事业单位工作人员主动性的取向，必须同单位的需求（或进取方向）保持一致，这才是有价值的主动性。"为他"的主动性，属于提供公共服务的范畴，这是价值层次上的特征。

五是效果好，工作主动性要与最终效果联系在一起。比如，有员工提出某项工作建议，被领导采纳并取得了实际效果。其能够提出这样的建议，说明他平时主动关心单位大事、要事，想领导之所想、急领导之所急，否则难以提出好的建议。由此可见，主动性同积极性、创造性密切联系在一起，有时还会融为一体。

怎么掌握主动与超前艺术？

事业单位工作人员掌握主动与超前艺术，需要注意以下几个方面。

一是服务意识超前。要具备3种能力：一是见微知著的观察力，能冒一芽而知春，落一叶而知秋。从当前事物的变化中看清发展趋势。不局限于领导的吩咐，而要考虑领导的全盘计划，从眼前之事着手，为事业整体发展出谋划策。二是大胆开阔的思考力。思考问题不仅要随机应变，出奇制胜，而且要全面、周密，针对事情发生的各种可能；提高工作的预见性，想在领导之前，谋在领导之先，当好领导的"外脑"。三是分辨是非的决断力。事业单位工作人员既要合领导的"拍"，又要走自己的"路"，凡事不能是非不分，盲目听信，对领导的意图要深化理解，并提出新的工作建议。要靠真才实干赢得领导赏识，不要唯命是从以求领导庇护。

二是深入了解领导。要与领导建立起良好的关系。俗话说，解铃还须系铃人。所以，化被动为主动，必须首先从领导着手。事业单位工作人员最神秘、最重要的能力是了解领导、分析领导并对领导施加影响。比如，给领导写讲话稿不仅要以领导的口气写出来，而且要符合领导本人的意图和讲话习惯，这样才能赢得领导的赏识，提高自己在领导心目中的地位。

[案例参考]

曾任毛主席机要秘书的高智同志在其回忆录中有这样一段话：在领导身边工作，除做好办文、办电、接待等日常工作外，还应该耳灵、眼快、办事敏捷，决不能拖拖拉拉，要做个有心人。他曾说，相处日久，我渐渐了解了主席，能够体察他的心思了，主席这段时间考虑什么问题，要什么文件，做什么事，我心里都有数。我喜欢穿兜子多的制服，每个兜里都装些材料，毛主席要不同的材料，我往往可以立刻从不同的兜里掏出来，马上交到他手里。高智与毛主席不仅是同志关系，还是朋友关系，他们有共同的情感和语言，在工作中容易达成一致，形成默契。当时，一个个伟大而明智的决策，有高智的辅佐之功。可见，通过了解领导、熟悉领导，与领导建立起良好关系，摸透领导心思，想领导之所想，主动配合领导，才是做好工作的根本之道。

三是主动请示汇报。争取领导的重视和支持是发挥事业单位工作人员作用的前提。主动请示汇报包括两个方面，一是主动把最新的情况和进展向领导汇报，让领导掌握全面情况，同时，把遇到的问题与困难向领导说明，征得领导的指示和点拨。二是根据工作安排，请领导出题目、下任务，根据题目和任务，主动加强与各机关、各部门、各单位的联系和沟通，团结各方面力量，争取配合和支持，共同完成工作任务。

四是默默开展调查。调查研究是成事之道、谋事之基、参政之源、管理之本。凡事未雨绸缪、提前介入，调查在前、研究在前，唯其如此，才能参在关键处、谋在要害上。在领导出题目、下任务前后，要悄无声息地主动开展调查研究，掌握各方面情况，特别要把基层情况摸深、摸透，这样得出的结论、提出的方案和建议才有生命力和发言权。

五是有效管理时间。要合理利用时间，在事业单位工作，由于组织运转节奏有张有弛，工作疏密有间，每天每时的工作量都不同。每个人拥有的时间是等量的，但每个人完成工作的好坏程度却不尽相同，关键在于怎样管理和利用时间。有的人不是消极等待，就是疲于奔命；有的人则把工作安排得有条不紊、忙而不乱。他们之所以能把多、繁、杂、乱的工作演奏成为一曲和谐轻松的乐章，是因为他们平时能有效利用时间，积累各方面资料，掌握工作主动性。

第三章
政 治 能 力

> 习近平总书记强调，不断提高政治判断力、政治领悟力、政治执行力，使自己的政治能力同担任的工作职责相匹配。在七种能力中，政治能力是事业单位工作人员必须具备的首要基本能力。

第一节 政治能力是第一位的能力

事业单位工作需要的各种能力中，政治能力是最重要、最关键的能力。习近平总书记指出，在干部干好工作所需的各种能力中，政治能力是第一位的。新时代事业单位工作人员提高政治能力，必须认真把握方向、把握大势、把握全局，在辨别政治是非、保持政治定力、驾驭政治局面、防范政治风险上率先垂范，永葆政治本色[1]。

为什么要把握方向？

政治方向是我们党生存发展第一位的问题，事关党的前途命运和事业兴衰成败。

---

[1] 尚传斌. 新时代党员干部提高政治能力的基本要求[N]. 广西日报，2022-03-24.

事业单位工作人员提高政治能力，首先必须把握正确的政治方向，这是提高自身政治能力的前提。如果方向偏了、错了，提高政治能力就无从谈起。我们党始终强调坚持正确的政治方向。早在1939年毛泽东同志就指出，共产党历来提倡坚定正确的政治方向。邓小平同志强调，在改革中坚持社会主义方向，这是一个很重要的问题。事业单位工作人员把握正确的政治方向，要始终坚持中国共产党领导，坚决维护习近平总书记党中央的核心、全党的核心地位，坚决维护党中央权威和集中统一领导，自觉在思想上、政治上、行动上同党中央保持高度一致；始终坚持中国特色社会主义制度，坚定中国特色社会主义理论、制度、道路和文化自信，把我国制度优势更好地转化为国家治理效能。

为什么要把握大势？

把握大势是指能够看准、看清、看透当今世界的形势走向、风云变幻，善于把握主要矛盾或矛盾的主要方面，自觉把党和人民事业放到历史长河和世界格局中去谋划和思考。这就要求事业单位工作人员必须具有历史眼光和全球视野，既要看到国际国内面临的机遇，又应看到国际国内面临的风险挑战。当今世界正经历百年未有之大变局，我国正处于实现中华民族伟大复兴关键时期。我国发展仍然处于重要战略机遇期，但机遇和挑战都有新的发展变化。事业单位工作人员要深刻认识我国社会主要矛盾变化带来的新特征、新要求，深刻认识错综复杂的国际环境带来的新矛盾、新挑战，立足社会主义初级阶段基本国情，善于抓住机遇、顺势而为，善于因势利导、转危为机，更好地推动本行业、本单位事业发展。

为什么要把握全局？

不谋全局者，不足谋一域。把握全局是指统筹谋划涉及党和国家事业的各个方面、各个层次、各个要素，注重从全局和战略层面，把握和推进党和国家事业。把握全局要求事业单位工作人员要注重提高统筹兼顾能力，胸怀两个大局，在工作中全面而不是片面地看问题，自觉站在党和国家大局上想问题、做决策，把工作放到大局中去思考、定位，不要因为本位主义和局部利益，损害全局和整体利益。

为什么要辨别政治是非？

善于辨别和分清政治上的是与非，是事业单位工作人员加强思想政治修养的首要课题，也是领导干部政德的基本要求。政治上的是与非首先是对党的基本理论、基本路线、基本纲领、基本经验，以及党和国家的基本制度、基本历史的立场和态度，涉及这些方面的是与非都是大是大非。事业单位工作人员要善于辨别这些方面的"是"与"非"，旗帜鲜明地坚持"是"而反对"非"，不可有丝毫的含糊和动摇。新时代辨别政治是非，要不断增强政治敏锐性和政治鉴别力，善于从政治上看待问题、分析问题，自觉划清"四个重大界限"，即马克思主义同反马克思主义的界限，社会主义公有制为主体、多种所有制经济共同发展的基本经济制度同私有化和单一公有制的界限，中国特色社会主义民主同西方资本主义民主的界限，社会主义思想文化同封建主义、资本主义腐朽思想文化的界限。

为什么要保持政治定力？

习近平总书记指出，理想信念动摇是最危险的动摇，理想信念滑坡是最危险的滑坡。政治定力是指在思想上政治上排除各种干扰、消除各种困惑，坚持正确立场、保持正确方向的能力。政治定力是对事业单位工作人员最基本的政治要求。保持政治定力要求事业单位工作人员在大是大非面前不能态度暧昧，不能动摇基本政治立场，不能被错误言论左右，始终做到政治信仰不变色、政治立场不动摇、政治方向不偏移。新时代事业单位工作人员保持政治定力，最根本、最关键的要求是坚定理想信念、坚守共产党人精神追求，无论顺境还是逆境都坚强不屈。检验一名党员干部理想信念是否坚定，主要看其在重大政治考验面前有无政治定力。此外，还要看其在金钱、权力、美色等诱惑面前，能否始终守住法律底线、纪律底线、政策底线和道德底线，始终做政治上的明白人。

为什么要驾驭政治局面？

安定团结的政治局面对实现第二个百年奋斗目标、实现中华民族伟大复兴中国梦十分重要。驾驭政治局面是指准确把握影响政治局面的各种因素，尤其是消极因素，坚决同一切破坏安定团结的言行作斗争，善于及时把控各种突发事件，将各种政治隐患化解在萌芽状态，切实维护好、巩固好安定团结的政治局面。驾驭政治局面是事业单位工作人员特别是"一把手"的必修课。新时代事业单位工作人员驾驭政治局面，首先要正确把握当前国际国内安全形势和政治形势，特别是当前我国党风廉政建设和反腐败斗争形势；要全面贯彻总体国家安全观，坚持国家利益至上，以人民安全为宗旨，以政治安全为根本，以经济安全为基础，落实好党中央关于把确保政治安全作为维护国家安全首要任务的基本要求。

为什么要防范政治风险？

政治风险是每个执政党必须面对的重大问题，关乎一个政党和国家的长治久安。古人云，生于忧患，死于安乐。我们党从诞生之日起始终保持着强烈的忧患意识、风险意识。防范政治风险是指能科学预判政治风险所在，正确把握政治风险走向，有效化解政治风险。当前，我国面临复杂多变的安全和发展环境，前进道路上各种可以预见和难以预见的风险因素明显增多，如果得不到及时有效控制，就有可能演变为政治风险。新时代事业单位工作人员要时刻牢记安而不忘危，存而不忘亡，治而不忘乱，切实增强政治风险防范意识，牢固树立底线思维，做好随时应对政治风险的充分准备，牢牢把握工作主动权。要准确把握新的伟大斗争的历史特点，发扬斗争精神，增强斗争本领，从而取得斗争胜利。

第二节　政治能力的内涵与要求

政治能力是西方政治学术语之一，指政治行为主体（人或政治系统）以某种方式影响政治决策的程度和可能性。当政治主体是人时，政治能力指人们通过参加政治组织（如政党）和参加政治活动（如竞选），影响和参与政治决策的程度和可能性，以及人们担任政治职位的可能性。政治能力与人们参与政治活动的实效、政治决策和政治过程有密切关系。一个人对政治系统的竞争能力越强，其对政治过程、政治决策的影响就越大。当政治主体是政治系统时，政治能力指的是政治系统的作用。

政党是具有共同政治主张的政治组织，任何政党都要面对如何加强政治能力建设这一重要课题。在革命、建设和改革各个不同历史时期，我们党都高度重视政治建设，并以此引领党员干部不断提升政治能力，形成了讲政治的优良传统和显著优势。每一位共产党员的政治能力不是与生俱来的，也不会随年龄、党龄的增长而自然提高，必须依靠持之以恒的思想淬炼、政治历练、实践锻炼、专业训练，不断提升自身的政治判断力、政治领悟力、政治执行力[①]。

为什么要提高以政治立场为主要依据的政治判断力？

政治判断力是政治实践的前提，是一种政治立场表态，是事业单位工作人员基于一定的政治立场，运用马克思主义立场观点方法，对客观形势变化做出科学把握和正确判断的能力。观察分析形势首先要把握政治因素，即要善于从政治角度分析问题、解决问题，从而看清事物本质、抓住事物根本。因此，正确的政治立场是观察、分析与处理问题的根本立足点。

事业单位工作人员要坚持的政治立场就是党性和人民性，凡事要从党和人民的立场出发。毛泽东同志强调，我们是站在无产阶级和人民大众的立场。对于共产党员来说，也就是要站在党的立场，站在党性和党的政策的立场。对党忠诚是党性的基本要求。习近平总书记指出，如果没有对党忠诚作为政治上的"定海神针"，就很可能在各种考验面前败下阵来。我们党以全心全意为人民服务为根本宗旨，始终坚持人民至上，始终坚持一切为了人民、一切依靠人民。因此，对党忠诚也是对人民的最大忠诚。

能否明辨行为是非是事业单位工作人员政治立场是否坚定的基本要素。提高政治判断力，要牢固树立正确的是非观，即看得清、辨得明国家的大局、大势和大事。一是善于登高望远，从繁杂的细节中把握全局和大局，自觉同党中央对标对表，自觉在"两个大局"下思考问题、谋划工作，从而把本地区、本部门工作看得更清楚、更准确、更透彻。二是善于透过现象看本质，从倾向性、苗头性现象中发现发展大趋势，切实提升战略性、系统性、前瞻性思维，以高超的政治判断力洞察问题、明辨动向。三是善于抓主要矛盾和矛盾的主要方面，从错综复杂的矛盾关系中有效把握政治逻辑，清醒明辨大是大非，敢于表态，敢于斗争，敢于抵制歪风邪气，敢于应对风险挑战，始终做到政治信仰不变、政治立场不移、政治方向不偏。

为什么要提高以政治意识为主要依据的政治领悟力？

政治领悟力是政治实践的先导，是从政治高度正确理解、领会党中央精神，准

---

① 楚波. 深刻把握政治能力的基本意涵[N]. 中国社会科学报，2021-08-19.

确贯彻落实党中央精神的前提,是考察事业单位党员干部政治思维能力的重要方面,反映党员干部在政治上的积极认识、主体自觉,重点解决融会贯通的问题。政治领悟力高,党员干部就会了解党中央在关注什么、强调什么,就会按照党中央的要求去贯彻、去实施。

事业单位工作人员提高政治领悟力,要以良好的政治思维为基础,以"国之大者"的政治意识为条件。牢记"国之大者"前提是拥护"两个确立"、增强"四个意识"、坚定"四个自信"、做到"两个维护",即善于运用政治思维认识和理解问题,科学把握党中央决策部署的主要意图,遇事领悟好政治要求,谋事考虑透政治影响,自觉站在党和国家的战略全局、政治大局上想问题、作决策,始终在思想上政治上行动上同党中央保持高度一致。

事业单位工作人员提高政治领悟力,要着力解决思想认识上的格局和高度问题,始终心系"国之大者",在具体实践中发挥其指导功效。一是在学深悟透上下功夫,加强马克思主义理论学习,尤其要学懂弄通习近平新时代中国特色社会主义思想,系统掌握贯穿其中的马克思主义立场观点方法,不断把学习成果转化为政治领悟力的思想滋养,努力将理论方法转化为政治领悟力的工作实效。二是在闻风而动上下功夫,着力把握"动"的方向,时刻留意党中央强调的重点,着力提升"动"的速度,及时领会党中央发出的号令,进而高效快速地抓学习、抓落实。三是在结合实际上下功夫,坚持因地制宜、实事求是,注重补短板、强弱项,善于在党中央精神和地方具体实际上寻找结合点,在党中央战略布局中把握住地方发展机遇。

为什么要提高以政治担当为主要依据的政治执行力?

政治执行力是政治实践的关键,是政治判断力、政治领悟力的落脚点,是对担当精神的一种诠释,重点解决贯彻落实的问题。邓小平同志指出,中央定了措施,各地各部门就要坚决执行,不但要迅速,而且要很有力,否则就治理不下来。党员干部要不断提高政治站位,以高度的政治自觉和非凡的政治勇气,坚决扛起抓好党中央精神贯彻落实的政治责任。

提高政治执行力贵在行动,要在落实,重在担当。习近平总书记强调,党员干部要有担当,有多大担当才能干多大事业,尽多大责任才会有多大成就。政治上敢不敢担当、能不能担当、有没有担当,是检验和衡量事业单位工作人员政治操守、政治品格和政治能力的重要标尺,是党的事业能否取得成功的关键所在。为此,事业单位工作人员要强化改革责任担当,看准了的事情,就要拿出政治勇气来,坚定不移干。

事业单位工作人员提高政治执行力,要使讲政治从外部要求转化为内在主动,从讲政治的高度理解和把握抓落实工作,把党中央重大决策部署不折不扣落实到位。一是强化责任意识。事业单位工作人员应当知责于心、担责于身、履责于行,敢于直面问题,勇于承担责任,始终保持旺盛的工作热情和饱满的精神状态。二是强化能力素质。能力水平是担当的底气和根基,执行力说到底要靠工作体现。党员干部应当下大气力苦练"内功",练就成事的真本领。三是强化实干作风。敢于担当要以实干实绩为要义,真正把功夫下在干实事、求实效上;着力健全激励导向机制和容错纠错机制,实现干与不干不一样、干多干少不一样、干好干坏不一样。四是强化结果导向。结果是最有力的见证,政治实践的关键在于落到实处、见到实效,最终体现在政治效果上。政治效果的优劣关键在于度量的把握、尺寸的拿捏,也就是看政治把握水平的高低。要坚持实事求是,善于把握规律,突出实绩实效,在履职尽责中以精准有效的政治把握取得优质服务效果。

第三节　提高政治能力

党的十八大以来,习近平总书记就提高党员干部的政治能力发表了一系列重要讲话,强调提高政治能力,很重要的一条就是要善于从政治上分析问题、解决问题。只有从政治上分析问题才能看清本质,只有从政治上解决问题才能抓住根本,各级领导干部特别是高级干部要练就一双政治慧眼,不畏浮云遮望眼,切实担负起党和人民赋予的政治责任等。

党员干部的政治能力应当怎么看?提高政治能力需要重点抓什么?习近平总书记有的放矢,针对各级各类党员干部的不同特点,明确提出极具针对性的要求,为进一步提高党员干部的政治能力指明方向[①]。

---

① 求是网评论员. 政治能力是第一位的, 求是网, 2021-08-22.

对全党，习近平总书记要求，从党史中汲取正反两方面历史经验，坚定不移向党中央看齐，不断提高政治判断力、政治领悟力、政治执行力，切实增强"四个意识"、坚定"四个自信"、做到"两个维护"，自觉在思想上政治上行动上同党中央保持高度一致，确保全党上下拧成一股绳，心往一处想，劲往一处使。

对年轻干部，习近平总书记特别强调，必须坚守一条，凡是有利于坚持党的领导和我国社会主义制度的事就坚定不移做，凡是不利于坚持党的领导和我国社会主义制度的事就坚决不做！要不断提高政治敏锐性和政治鉴别力，观察分析形势首先要把握政治因素，特别是要能够透过现象看本质，做到眼睛亮、见事早、行动快。

习近平总书记要求，党的高级干部要注重提高政治能力，牢固树立政治理想，正确把握政治方向，坚定站稳政治立场，严格遵守政治纪律，加强政治历练，积累政治经验，自觉把讲政治贯穿于党性锻炼全过程，使自己的政治能力与担任的领导职责相匹配。

事业单位工作人员提高政治能力，必须从站稳政治立场、把握政治方向、严守政治纪律、加强政治历练、夯实理论根基五个维度来进行[①]。

为什么站稳政治立场是首要前提？

人民立场是中国共产党的根本政治立场，是马克思主义政党区别于其他政党的显著标志。中国共产党从成立之日起，就坚持把为中国人民谋幸福、为中华民族谋复兴作为初心和使命。正是始终坚守人民立场，我们党领导中国人民和中华民族实现了从站起来、到富起来再到强起来的伟大飞跃。人民群众不但为社会发展注入了无限生机与活力，而且是党的事业兴旺发达的力量源泉，党的事业唯有依靠人民群众的力量，合乎人民群众的意愿，才能持续发展、繁荣壮大。一切为了群众，一切依靠群众，从群众中来，到群众中去，是党的根本工作路线，也是党的生命线。事业单位工作人员提高政治能力，首要前提是站稳政治立场，牢记我们党全心全意为人民服务的根本宗旨，始终把人民放在心中的最高位置，切实贯彻党的群众路线，虚心向群众学习，倾听群众呼声，汲取群众智慧，着力解决好人民群众最关心最直接最现实的利益问题，着力满足人民群众日益增长的美好生活需要。

---

① 周玉. 年轻干部提高政治能力的五个维度，央广网，2020-10-24.

为什么把握政治方向是根本要求？

方向问题至关重要，涉及战略性、全局性、根本性问题。事业单位工作人员提高政治能力，最根本的就是要坚持正确的政治方向。我们所要坚守的政治方向，就是共产主义远大理想和中国特色社会主义共同理想、"两个一百年"奋斗目标，就是党的基本理论、基本路线、基本方略。共产主义既是科学的理论体系，又是美好的社会制度，还是现实的社会运动。中国特色社会主义共同理想、"两个一百年"奋斗目标是共产主义远大理想和现实运动在我国社会主义初级阶段的具体体现。坚定理想信念，坚守共产党人精神追求，始终是共产党人安身立命的根本，也是共产党人经受住任何考验的精神支柱。事业单位工作人员要提高政治能力，就要自觉成为共产主义远大理想和中国特色社会主义共同理想的坚定信仰者，自觉把建设中国特色社会主义和实现共产主义作为自己的毕生追求。

为什么严守政治纪律是基本底线？

全党令行禁止，在思想上和行动上高度统一，是一个成熟的马克思主义政党的重要体现。这就要求事业单位工作人员必须严守政治纪律，对党的政治纪律和政治规矩要怀有敬畏之心。严守政治纪律是共产党人的政治基因，是对党忠诚老实、做政治明白人的根本要求。严守政治纪律就是要在政治上讲忠诚，在组织上讲服从，在行动上讲规矩，始终把自己的一言一行严格置于党的纪律、规矩约束之下。当前，自觉同以习近平同志为核心的党中央保持高度一致是最根本的政治纪律。同党中央保持高度一致，要牢固树立政治意识、大局意识、核心意识、看齐意识，做到党中央提倡的坚决响应，党中央决定的坚决执行，党中央禁止的坚决不做，确保党中央令行禁止，在重大原则问题和大是大非面前保持头脑清醒，敢于同各种违背原则、违反党纪国法、损害党中央权威的现象作斗争。

为什么加强政治历练是根本途径？

事业单位工作人员的政治能力不是与生俱来的，需要在长期实践过程中培养和锻造。实践的观点是辩证唯物主义认识论首要的和基本的观点，政治能力的提高归根结底源于实践的砥砺磨炼。实践是事业单位工作人员提高政治能力的大课堂，在实践中加强政治历练、积累政治经验，是事业单位工作人员提高政治能力的根本途径。只有经受大风大浪的考验、经受急事难事的锤炼，事业单位工作人员才能变得成熟稳重，快速提高自身的政治能力。因此，事业单位工作人员要端正心态，积极投身基层，自觉加强政治历练，积累政治经验，以时不我待、舍我其谁的精神，敢于挑最重的担子，涉最险的滩涂，啃最硬的骨头，把艰苦付出当作个人成长的磨砺基石，在应对重大挑战、抵御重大风险、突破重大阻力、解决重大矛盾中提高自己的政治能力。

为什么夯实理论根基是必要条件？

理论修养是事业单位工作人员综合素质的核心，我们党在一个有着14亿人口的大国执政，面对十分复杂的国内外环境，肩负着繁重的执政使命，如果缺乏理论思维，就难以战胜各种风险和挑战。马克思主义是我们共产党人的"真经"，是我们认识世界和改造世界的"锐利武器"，是政治上的"望远镜"和"显微镜"。事业单位工作人员要自觉加强马克思主义理论武装，学深悟透、融会贯通，掌握辩证唯物主义和历史唯物主义，掌握贯穿其中的马克思主义立场观点方法，掌握中国化的马克思主义，学懂、弄通、做实习近平新时代中国特色社会主义思想。通过理论武装，进一步筑牢信仰之基、补足精神之钙、把稳思想之舵，不断提高辨别政治是非、保持政治定力、驾驭政治局面、防范政治风险的能力。

总之，事业单位工作人员提高政治能力不是一劳永逸的，需要终生努力，久久为功。事业单位工作人员必须不断通过理论学习和政治历练，才能使自己的政治能力与担负的职责、履行的使命、承担的任务相匹配，同党和国家事业发展的要求相适应。

第四章
公文写作能力

> 诗圣杜甫在《偶题》中写道:"文章千古事,得失寸心知。作者皆殊列,名声岂浪垂。"毛泽东同志在《临江仙·赠丁玲》中写道:"纤笔一支谁与似?三千毛瑟精兵。"对有些人而言,说文解字、著书立说是经国之大事,不朽之伟业。而对事业单位工作人员来说,文字材料是行使职能、推动工作、实施决策、解决问题、推动事业发展的重要手段。可见,公文写作能力是事业单位工作人员的基本能力。

第一节 事业单位公文概述

事业单位工作人员要做好本职工作,首先要学会办理公文。公文写作能力是事业单位工作人员安身立命的根本。

一、常用公文种类

什么是公文?

公文的概念有广义和狭义之分。从广义上讲,公文泛指一切公共事务的书面文字；从狭义上讲，公文是指党和国家的事务，其中包括党的机关、权力机关、行政机关、军事机关、检察机关、审判机关及企事业单位、社会团体事务的书面文字[①]。在我国，公文是党和国家机关在领导党的事业和治理国家方面表达意志、传递政令的文字工具和手段。

什么是常用公文？

根据《党政机关公文处理工作条例》（以下简称《条例》），党政机关公文是常用公文，是党政机关实施领导、履行职能、处理公务的具有特定效力和规范体式的文书，是传达贯彻党和国家的方针政策，公布法规和规章，指导、布置和商洽工作，请示和答复问题，报告、通报和交流情况等的重要工具。按照《条例》的规定，常用公文有决议、决定、命令（令）、公报、公告、通告、意见、通知、通报、报告、请示、批复、议案、函、纪要15类。

二、公文写作特点

什么是事业单位公文？

事业单位公文内容是有关事业单位公务的，具有法定的形式和一定的管理效力，为事业单位立言，以事业单位名义发布，为处理事业单位公共事务而制发的规范性文书。

事业单位公文拟制有什么特点？

事业单位公文拟制有如下特点：

第一，目的明确。事业单位公文不像文艺作品，潜移默化地打动人心，给人以感染、教育和熏陶。事业单位公文必须解决现实生活中的具体问题，需要现实的效用和显而易见的社会效果，每次写作都是为了解决某一具体问题。

第二，对象特定。一般的写作活动是社会性生产和劳动，其作品对阅读对象没有限制。但事业单位公文一般都有明确的阅读范围和受众，行文只能是公文主送范围内的单位和个人。

---

① 张保忠. 最新公文写作技巧与范例全书［M］. 北京：中国时代经济出版社，2011：3.

第三，内容确定。事业单位公文因事成文。不同文种有不同的主题，主题主要来自领导授意，用明确的观点和明确的写作意图来表达。从表面上看，办文是事业单位工作人员的个体性劳动，但实质是代表组织行文，表达的是组织和领导的意图。

第四，结构严谨。在公文写作中，材料的使用讲究精选、核实、分析和有序，如主次、轻重、表里、深浅、因果等。结构讲究固定划一、约定俗成、鲜明醒目。一般结构形式有篇段合一式、段落式、分条列项式、章断条连式、小标题式等。

第五，格式固定。公文文体通常在用纸尺寸、书写格式、行文结构、生效标志等方面具有固定的格式和处理要求。比如，份号、密级和保密期限、紧急程度、发文机关标志、发文字号、签发人、标题、主送机关、正文、附件说明、发文机关署名、成文日期、印章、附注、附件、抄送机关、印发机关和印发日期、页码等，在《条例》中都有严格的规定。

第六，语言规范。使用书面语和约定俗成的文书专用语，避免使用方言俗语、生僻晦涩或浪漫华丽的辞藻。在修辞方面，采取消极修辞法，排斥积极修辞法，追求明确、通顺、简洁、朴实、庄重，反对形象、生动、新鲜、活泼，不用借代、比拟、夸张、反语、双关等修辞手法。在词语运用上，追求准确、简练、平实、得体。

三、公文写作要求

在事业单位工作中，除15类常用公文外，还有法规性公文和其他公文。常用的15类公文中，使用频率较高的有请示、通知、报告、函及会议纪要；法规性公文中，使用频率较高的有办法、规定、细则、章程、条例；其他公文中，使用频率较高的有规划、计划、总结、领导讲话等。

事业单位公文的拟制要遵循哪些规则？

无论哪种事业单位公文，在写作上一般要遵循三个基本规则。一是指导思想上符合党和国家的方针政策。事业单位公文写作必须以党和国家的路线、方针、政策为出发点和归宿，理论联系实际，将本单位公文的制发意图同国家的政策法规统一起来，使文书表达的意图、要求与观点能体现有关方针、政策的基本精神，使带有普遍指导意义的政策原则深化在具体的文书写作内容之中。二是忠实于组织和领导的意图。事业单位公文写作是为组织和领导集体立言，要忠实于组织和领导集体的制文意图，尽可能把握好领导的基本观点、基本思路，并努力将制文意图转化为自己的思想，站在全局的高度，对组织、领导意图进行补充和深化。三是要坚持实事求是的原则。公务文书是指导现实工作的工具，以社会实践为基础，又要反作用于社会实践。因此，事业单位公文写作要遵循实事求是的原则，即反映情况、说明问题，必须真实可靠，数据确凿，分寸恰当。布置工作、处理问题要具体明确，具有针对性和操作性，切忌主观臆断。

事业单位公文写作要把握哪四个角度？

从具体方法上讲，事业单位公文写作要把握好"四问"的环节与要求。一要问写的是什么，文体不同，写法也各不相同。比如，通知、请示、报告各有写作要求。二要问给谁写，写东西要清楚使用文稿的主人身份是谁。三要问写给谁看（讲给谁听），不同对象有不同的要求，不同的场合有不同的口气。四要问稿子起什么作用、达到什么目的，是对重要工作进行动员、部署、总结、指导，还是对重大问题进行请示、报告、说明、解答，目的不同，需求不同，写作也就不同。

第二节 常用公文写作方法

事业单位常用公文主要有请示、报告、通知、通报、函、纪要等法定公文及总结、简报、领导讲话等非法定公文，下面将分别介绍。

一、请示的写作

请示有什么特点？

请示是事业单位下级机关向事业单位上级机关或业务主管机关请求指示、批准的上行公文，有4个特点。（1）时间性强。请示事项一般急需明确和解决，否则会影响正常工作。（2）方向特定。请示必须是下级机关向上级机关行文，该上级机关必须是请示机关的直接上级机关或者业务关联机关。（3）目的明确。请示机关要求上级机关对所请示的内容做出明确表态。（4）范围特定。请示涉及的事项是请示机关在自己的职权范围内无法解决的问题。

请示的适用范围是什么？

凡是本级机关无权决定或无力决定的工作或事项，需要上级机关批准或提出意见方能办理的，都要通过请示的方式行文办理。主要有：（1）上级机关明确规定，必须经过请示批准才能办理的事项；（2）对现行方针、政策、法规、规章等不清楚，有待上级机关明确答复才能办理的事项；（3）工作中遇到了新情况、新问题，无章可循、无法可依，需要上级机关做出明确指示才能办理的事项；（4）某项工作虽然有章可循、有法可依，但因事情重大，为防止失误需要请示上级机关批准；（5）按上级机关有关规定，完成一项任务后需要报上级审核的事项；等等。

请示有哪些类型？

按照行文目的、作用不同，请示基本分成5类。（1）求准性请示。下级机关工作中，请求上级机关批准事项使用的公文。（2）请求指示的请示。对机构设置、人员编制、人事安排、资产购置等事项，向上级机关请示办理的公文。（3）请求解决问题的请示。呈报因工作中遇到无力解决的问题，请求上级提供具体帮助的公文。（4）解答性请示。工作中遇到不好解决的问题，或对上级机关的政策理解存在疑点，或对某一问题本机关意见有分歧、无法统一执行，请求上级回答使用的公文。（5）批转性请示。请求上级对拟发送下属机关或其他不相隶属的同级机关的指示、文件予以批准并转发的公文文种。

请示的写作格式是什么？

标题。由发文机关、事由和文种构成，如《××市人民政府关于清理烟花爆竹的请示》，也可以直接由事由和文种构成，如《关于设立市人防办的请示》。请示本身就含有请求、申请的意思，所以，请示的标题尽量不要出现"申请""请求""要求"等词语。

主送机关。主送机关是负责受理和答复该文件的机关，每件请示只能写一个主送机关，不能多头请示。

正文。开头部分要交代请示的缘由，即"为什么请示"，包括依据、背景和缘由，要求原因客观具体，理由合理充分，有利于上级机关及时决断和批复；主体部分说明请求事项，即"请示什么问题"，是陈述缘由的目的所在。要求事项单一，一事一请；内容具体、明确；条项、逻辑清楚。

结语。习惯性结语有"妥否，请批示""当否，请批示""以上请示，请予审批"或"以上请示如无不妥，请批转各地执行"等。

落款。一般包括署名和成文时间。

请示有哪些写作技巧？

写请示需要把握很多问题，关键要通过恰当的表述，巧妙地解决"为什么请示""请示什么"的问题，即要特别关注陈述的技巧问题。比如，同样一个请示，用这种方式讲未能得到预期回复，换另外一种方式就得到了批准。陈述技巧中最重要的是对请示原因的表达，要诀是拟写请示原因，不能只从本单位、本部门的立场出发，要换位思考。从上级的立场出发，争取用上级的道理说服上级，以求得支持。上级的立场就是全局的立场，无论本单位、本部门系统规模如何，上级主管部门在处理问题时，都会胸怀全局，通盘考虑。所以，陈述原因要在这方面多下功夫，尽可能联系全局来说明请示事项的重要性、必要性和紧迫性。所以，怎么选择请示理由，怎么行文陈述，陈述怎么做到一目了然、达到预期目的，是请示成功的关键。

写好请示要重点关注哪些问题？

（一）请示的条件。写请示要具备3个条件：第一，必须是下级机关向上级机关的行文；第二，请示的问题必须是自己无权做出决定和处理的；第三，希望得到上级的批准。

（二）请示的注意点。（1）公文标题不要写成"请示报告"。（2）不要在"报告"等非请示公文中夹带请示事项（报告中写"以上报告当否，请指示"不在此列）。（3）必须事先请示，不能"先斩后奏"，事情办完再请示。（4）必须一事一请，不能许多事项放在一个请示件中。（5）必须向主管部门请示，不能越级请示。有特殊情况必须越级请示时，应同时抄送被越过的上级机关；不要多方请示，如受双重领导的单位，要写明主送机关和抄送机关，由主送机关负责解决或答复，抄送有关机关。（6）除领导直接交办的事项外，请示不要直接送领导个人，或既写主送机关，又同时主送、抄送给领导。（7）不要在上报请示的同时抄送平级和下级机关。请示在未获批准之前，不得对下属单位发送。（8）请示事项涉及其他部门业务时，必须协商意见,意见不一致时,要在请示中注明。(9)请示语言要简明扼要,语气平和,语句谦敬,分寸有度。(10)为便于联系工作,请示要注明联系部门、联系人姓名和电话,该联系人一般为公文起草部门的负责人。

二、报告的写作

报告有什么特点?

报告是事业单位向上级机关汇报工作、反映情况、提出建议、回复上级机关询问或要求使用的一类文种。报告具有两个特点。一是叙述性。报告是用叙述的方式将有关工作情况和问题上报上级机关,必须写清楚具体情况,这样便于上级机关掌握真实准确的信息,做出正确决策。二是总结性和已然性。报告是对已经发生过的事情的总结,是对工作情况进行分析、归纳、总结,而不是简单罗列。

报告的适用范围和类型是什么?

(一)适用范围。报告是下级机关呈送给上级机关的上行文种,事业单位下级机关特别是基层单位和部门经常使用这一文种。

(二)类型。报告可分为情况报告、工作报告、建议报告、回复报告、检讨报告、述职报告等。工作报告又可分为例行工作报告、专题工作报告和综合工作报告。例行工作报告主要用于定期向上级机关汇报本机关、本部门职权范围内的工作情况,最常见的是年度工作报告和工作总结报告等。专题工作报告主要用于重要临时工作完成后或进行中,专门就这一工作情况进行汇报。凡汇报一个单位、一个地区、一个系统全部工作情况的,属综合工作报告。综合工作报告不等于工作总结。前者是多方面工作的情况综合,主要表述工作的进展情况,不搞经验上的提炼,不作理论上的论述;后者只是概略表述工作情况,侧重在事实的基础上提炼体会,升华认识。

报告的写作格式是什么?

报告的标题有两种写法:一是事由+文种的形式;二是发文机关+事由+文种的形式,如"××分行关于××的报告"。有的报告内容紧急,可在标题"报告"前加"紧急"字样。报告的主送机关一般只送一个,受双重领导的机关,则主送一个,抄送一个。正文分引据、主体、结尾三部分。(1)引据。概括说明全文主旨,简明扼要地将一定时间内工作的有关情况，如依据、目的、总体行动及对工作评价等作概述，以标明行文主旨，通常用"现将有关情况报告如下"承上启下，起转下文。（2）主体。是正文的核心，要叙述报告的具体内容。如果内容多、篇幅长，可采用分题式、分条式或两者结合的方法进行表述。反映情况型报告要以情况、原因、结论等为主；答复型报告要针对上级领导部门或业务部门提出的问题、要求进行撰写，问什么答什么；总结型报告要以叙述成绩、做法、经验、体会、打算、安排为主，有分析有归纳；呈报型报告主要用于下级向上级报送文件和材料，一般用一两句话说明报送文件或材料的根据或目的，以及与此有关的事项。（3）结尾。报告结尾比较简单，可以总结全文、展望未来，也可以采用模式化的套语收结全文，如"以上报告，请审阅""特此报告，请审阅""特此报告"等。落款一般包括署名和成文时间两个内容。

报告的写作有什么技巧？

一是把握规则。一般的报告常采用三段式表述。常见的结构有：情况—做法—问题（意见）；情况（做法）—问题—今后意见；情况—原因（责任）—下一步做法；情况—原因—责任及处理意见；情况—问题—建议等。三段式是一个基本写法，并非所有报告都必须用三段式，有的也可用问题—建议二段式。

二是突出重点。报告内容根据主题要求安排，分清主次轻重，重点的、主要方面的内容，安排在前面详写；非重点的、次要方面的内容略写；可写可不写的内容不写。材料既要有典型事例，又要有面上的综合性情况，做到点面结合、说服力强。

三是总结规律。写报告要用正确的立场、观点、方法对事实进行分析，从中总结出规律性的东西。无论是成功的经验，还是失败的教训，对今后的工作都具有指导意义，这也是报告的宗旨之一。

四是提炼材料。报告主题靠材料的提炼。提炼主题必须占有大量材料，在此基础上进行分析研究，归纳出新颖的观点，形成主题。为此，事业单位工作人员要有敏锐的眼光，发现新的有价值的材料，从新角度分析取舍材料，做到立意新、概括准、材料实、论述好。

五是反映事实。报告的目的是帮助上级机关了解下情，做出正确判断和决策。这就要求起草报告的人要深入调查研究，掌握第一手材料，去粗取精，去伪存真，分析归纳，得出科学具体的结论。

六是压缩篇幅。报告一定要短小精悍。毛泽东同志提出，报告文字每次一千字左右为限，除特殊情况外，至多不要超过两千字。一次不能写完问题时，分两次写。或一次着重写几个问题，对其余问题则不着重写，只略带几笔；另一次，则着重写其余问题，而对上次着重写过的只略带几笔。综合报告内容要简明扼要，文字要简练，要指出问题或争议之所在。①

三、通知的写作

通知及其适用范围是什么？

通知是事业单位对下级机关发布、传达或转发其他事业单位公文，并要求下级机关周知和贯彻落实的公文文种。通知适用于转发事业单位上级机关和不相隶属机关的公文，批转下级机关公文，发布规章，传达要求下级机关办理和需要有关单位知晓或执行的事项。也就是说，下达指示、布置工作、传达有关事项、传达领导意见、任免干部、决定具体问题等，都可以用通知。上级机关对下级机关可以用通知，平行机关之间有时也可以用通知。

通知有什么特点？

通知有3个特点。一是应用广泛。通知的适用范围最广、使用频率最高，不受内容制约。通知的作者不受机关性质、级别的限制，既可用于布置工作、传达重要指示，又可用于知照一般事项，如人事任免等。二是时效性较强。通知要求办理的事项都有比较明确的时限要求，受文机关要在规定时间内办理完毕。三是有拘束力。通知用来发布要求下级机关办理或者有关单位知晓的事项，指示性强，具有一定的拘束力。

通知有哪些类型？

通知可以分为六大类：一是发布性通知，用于发布行政规章制度及党内规章制度；二是批转性通知，用于上级机关批转下级机关的公文，让所属人员周知或执行；

---

① 毛泽东. 毛泽东选集（第四卷）[M]. 北京：人民出版社，1991：1264-1265.

三是转发性通知，用于转发上级机关和不相隶属机关的公文；四是指示性通知，用于上级机关指示下级机关如何开展工作；五是任免性通知，用于任免和聘用干部；六是事务性通知，用于处理日常工作事务。

事务性通知中最常用的是会议性通知和事项性通知。会议性通知是上级机关召开会议、通知有关单位和人员参加时采用的一类文种。会议通知要求内容明确、具体，若会议时间、地点、材料及其他有关事宜交代不清、混淆错乱，就可能影响会议的正常进行。事项性通知是上级机关的有关事宜需要下级机关知晓或办理时采用的一类文种，如庆祝节日、假期安排、裁撤合并机构、启用印章、报送有关材料等。

通知的写作格式是什么？

标题。一般由发文机关＋事由＋文种组成，如《中共中央办公厅国务院办公厅关于厉行节约反对浪费的通知》。也可由事由＋文种组成，如《关于2013年专业技术人员计算机应用能力考试有关问题的通知》。还有直接用文种"通知"或"紧急通知"作标题。发布规章的通知，所发布的规章名称要出现在标题里，并使用书名号。批转和转发文件的通知，所转发的文件内容要出现在标题中，但不使用书名号，如《国务院办公厅转发教育部等部门关于进一步加快高等学校后勤服务社会化改革意见的通知》。

主送机关。通知的发文对象较广泛，主送机关较多时，要注意机关排列的前后顺序。

正文。通知缘由部分，主要用来表述有关背景、根据、目的、意义等。批转、转发文件的通知，根据情况可以在开头表述通知缘由，但多数以直接表达转发对象和转发决定开头，无须说明缘由。具体事项部分是通知的主体部分，所发布的指示，安排的工作，提出的方法、措施和步骤等，都在这一部分有条理地表达，内容复杂的需要分条列款。执行要求部分，发布指示、安排工作的通知，可以在结尾处提出贯彻执行的要求。

落款。一般包括署名和成文时间两个内容。

通知有哪些写作技巧？

第一，明确为什么写。制发通知的目的是解决实际问题，首先要明确为什么写通知，通知的主要内容是什么。有的通知不仅要提出问题，而且要分析问题，拿出解决问题的办法，如指示性通知；有的通知内容比较简单，只提出问题和解决问题的办法，如规定性、事务性通知；更有简单的，如批转、转发、发布性通知（不包括附件）及任免性、会议性通知等，基本只有解决问题的内容，而没有提出问题，更少分析问题的内容。[1]

第二，确定怎么写。通知是向下级机关发布的下行文，要体现对下级机关的领导与指导作用。拟写通知必须做到主题明确、结构严谨，既要讲任务、要求，又要讲方法、步骤。语言不能空泛，提出的措施切实可行，内容要与党和国家的大政方针保持一致，避免下级机关难以理解执行。

第三，选准结尾用语。通知结尾往往要写上"请认真贯彻执行""请遵照执行""请参照执行"等习惯用语。一般情况下，如果通知内容涉及全局性重大方针政策，必须照章办事的，结尾要用"请认真贯彻执行""请依照执行""请遵照办理""请立即贯彻执行"等。如果通知的要求只是根据某些或者绝大多数地区特点，或者批转下级机关的报告，具有参考价值的，结尾可写"请参照执行"。

拟写通知要注意哪些问题？

第一，要防止滥用。通知具有多种功能和作用，要严格认真对待，不可滥用。比如，下行文不可千篇一律使用通知，电视台、电台、报纸的广告宣传本应用"启事""声明"的事项不可用"通知"。

第二，要讲究实效。通知是要求下级机关周知和贯彻落实的公文，具有规范性和严肃性，通知的发布必须讲求实效。根据事物的内容判断是否用通知的形式可以解决问题，是否解决了问题。如果发布的通知达不到解决实际问题的效果，则需要采用其他文种。

第三，要一目了然。制发通知是为了解决实际问题，这就要求通知主题明显、文字简明扼要、结构清晰，使人一目了然。主题明显，一般要开门见山，先用寥寥数语讲明制发通知的原因、依据和目的。结构清晰明了，在层次安排上要有总有分，内容独立。

---

[1] 张保忠. 最新公文写作技巧与范例全书[M]. 北京：中国时代经济出版社. 2011：104.

四、通报的写作

通报的适用范围是什么？

通报是事业单位把工作情况、经验教训、典型事例以及具有典范、指导、教育、警戒意义的事件通知所属单位的公文文种。

通报一般是用来表彰先进、批评错误、传达重要情况的下行公文。通报既可以对先进集体的先进事迹进行通报，号召大家学习，也可以对单位或个人的错误行为、违规事故进行通报。通报一般在事业单位或系统内部使用。

通报有哪些特点和类型？

通报的特点，一是告知性。通报常常是把现实中的一些正反面典型，或某些带有倾向性的重要问题告诉大家，让人们知晓、了解。二是典型性。无论是表扬好人好事，还是批评错误和歪风邪气，通报所针对的都是典型人物、典型事件和典型情况。三是教育性。无论是表扬还是批评，通报都有对下级机关或单位进行指导的作用。四是时效性。通报一般对人物、事件的情况及时、迅速地做出报道，这样能及时、迅速地传达，发挥应有的效用，时间久了，效果就不明显。五是政策性。与其他文种略有不同，特别是表彰性通报和批评性通报，实效强、政策要求高、影响大。

从类型上看，通报主要有表彰性通报——用于表扬好人好事，批评性通报——用于批评错误言行，情况性通报——用于传达情况和周知问题，指导性通报——用于传达上级指示精神，等等。

通报的写作格式是什么？

标题，通报的标题一般由发文机关名称、被表彰或被批评的对象和文种构成，如《国务院关于表扬全国"两基"工作先进地区的通报》；也可以采取被表彰或被批评的对象和文种构成，如《关于给不顾个人安危勇于救人的×××同志记功表彰的通报》；有少数通报的标题是在文种前冠以单位名称，如《中共××学院纪律检查委员会通报》；也有的通报标题只有文种名称。主送机关，通报一般都有主送单位，少数普发性通报可以没有主送单位。正文，通报的正文由发布通报的原因、通报的事项、原因分析、处理结果和希望要求组成,一般由以下四部分组成。

(1)引言部分。主要概括通报的内容、性质、作用和要求。

(2)事实部分。表彰性通报写先进事迹;批评性通报写错误事实,无论哪种通报,写作时都要做到事实清楚,概括精练。

(3)分析及处理部分。对先进事迹的先进性或错误事实的本质,进行恰如其分的分析。表扬性通报写出给予精神或物质奖励的决定,批评性通报写出处分决定。

(4)号召或要求部分。说明如何去做,或者发出号召。落款,通报的落款要用发文机关全称,并加盖单位公章。

通报有哪些写作技巧?

1. 情况通报。情况通报是一种常用的通报形式。一般由三部分构成。一是标题,包括三个组成部分,即发文机关、事由和文种类别。二是正文。一般分三步来写,首先介绍情况,其次分析原因,指出意义或者危害,最后提出要求。三是签署发文机关和日期。

(1)开头。比较简短,主要是概述通报的内容,或叙述总体情况,叙述要注意三点,一是要概括,不能太具体;二是要简明,语言简洁明了;三是评价要中肯,不能夸大其词,要为下文写"存在的问题"打下伏笔。

(2)主要做法和成绩。主要做法和成绩是情况通报的核心部分,通常采用叙述写法,摆事实,围绕"是什么"这一基本内容来叙述,"怎么做"的具体方法措施写清楚,再把效果"怎么样"写出来,不必议论,避免说教。叙述技法是先总叙后分叙,总叙主要把面上的情况说清楚,分叙要选择具有代表性的典型事例。

(3)存在的问题。问题即工作中由于主观或客观因素造成的失误,或者需要解决的矛盾。写作时注意,一是问题要点透,不能模棱两可。二是措辞要恰当,不夸大或者缩小。

(4)今后打算或要求。"今后的打算"是事业单位对今后工作的安排,"今后的要求"则是对主送单位的要求。写作时要结合实际,具体明确。

2. 表彰或者批评性通报。正文结构有三部分:第一部分,说明表彰或批评的原因,即写清楚先进事迹或错误事实的经过情况,要求用叙述的手法真实客观地反映事实。第二部分,对所叙述的事实进行准确分析,中肯评价,做到不夸大、不缩小,使人们能从好人和好事中得到鼓舞，从错误中吸取教训。第三部分，对表彰的先进或批评的错误作出嘉奖或者惩处。最后还要根据通报的情况，针对现实需要，发出号召或提出要求。

（1）表彰性通报。对被表彰的单位来讲，主要是理解上级精神，更上一层楼；对后进单位来讲，主要是学先进、找差距、定措施。表彰性通报重在教育比照，或先进示范。正文部分一般包括以下内容：①概述先进事迹，表明通报发出单位对通报事项的态度；②指出先进单位或个人的主要做法经验，或叙述事情发生的经过并分析事件的意义；③提出要求和希望，号召大家学习。

（2）批评性通报。对没有问题的单位而言，主要是反躬自省，对照自己，防患于未然；对于有类似问题或尚有隐患存在的单位而言，主要是以儆效尤。批评性通报重在处置，奖功罚过，其正文部分一般包括以下内容：①叙述错误事实经过；②表明通报发出单位对事件的态度及处理意见；③分析错误或事故产生的原因与危害性；④提出要求，警示其他单位或个人。

拟写通报要注意什么？

一要区分直述与转述。通报的写作与行文要区分直述与转述两种不同的表达方式。直述，即由发文机关直接予以表达的通报，是单体行文；转述，即由发文机关将下级的来文（如报告、简报、通报等）作附件，加写批语后以通报形式转发，是复体行文。直述式通报，以叙事为主，兼以说明；转述式通报，为了避免重复，主要是议说，很少叙事。

二要让典型事实说话。通报用典型事实教育干部群众，不是正面的典型，就是反面的典型。因此，被通报的事情不可以一般化，应该具有明显的代表性，阅读后给人以启迪或警醒。通报必须以事实说话，不能弄虚作假，否则难以让人信服。通报用典型来指导工作或以典型作为告诫，更容易提高认识，明确方向，推动事业进步。

三要强调表达的分寸。通报中的议说，必须是通报中典型事实的引申，褒贬的尺度、结论的分寸、今后的工作意见等，都是典型事实的引申，不能牵强附会。这种引申出来的议论与说明，或者说延伸出来的观点、意见、主张、结论，既不能过泛，也不能过狭。引发过泛，大而无当，缺乏针对性，失去通报的本意；引发过狭，削弱了以此类推的目的，也会失去通报的本意。

五、函的写作

函及其适用范围是什么？

函是事业单位不相隶属机关之间商洽工作、询问和答复问题、请求批准和答复审批事项使用的公文文种。函是法定公文中唯一一个平行文种，作用很大。在行文方向上，不仅可以在事业单位平行机关之间行文，而且可以在不相隶属机关之间行文，包括上级机关或者下级机关行文。在内容方面，除不相隶属机关之间商洽工作、询问和答复问题外，也可以向有关主管部门请求批准事项，向上级机关询问具体事项，还可以用于上级机关答复下级机关的询问或请求批准事项，以及上级机关催办下级机关有关事宜等。

函有什么特点？

一是沟通性。函用于事业单位不相隶属机关之间商洽工作、询问和答复问题，发挥沟通协调的作用，充分显示平行文种的功能，这是其他公文所不具备的特点。

二是灵活性。函的行文关系灵活。函是平行公文，除平行行文外，还可以向上行文或向下行文，没有其他文种那样有严格的特殊行文关系的限制。除国家高级机关的函必须按照公文的格式、行文要求行文外，其他一般函灵活自便，如果没有存档需要，版头部分可以灵活处理。

三是单一性。函的主体内容具备单一性特点，一份函只宜写一件事，一般不能一函多事。无论是来函还是复函，都要遵循一事一函原则。

四是时效性。函有很强的时效性，特别是复函，应该迅速、及时处理，以保证公务活动正常进行。

函有哪些类型？

从行文方向上看，函有来函、复函。从内容作用上看，主要有以下几类：（1）申请函，向有关主管部门请求批准事项的函；（2）商洽函，请求协助、商洽解决办理某一问题；（3）询问函，如上级向下级询问工作情况或某一具体事情，下级向上级机关及主管部门询问有关方针、政策和工作中遇到界限不明确的问题等；（4）答复函，上级答复下级询问或主管部门批复申请事宜；（5）告知函，平级或不相隶属单位之间相互通知事情。

函的写作格式是什么？

函的标题一般有两种形式，一种由发文机关名称、事由和文种组成，另一种由事由和文种构成。函的正文一般由开头、主体、结尾组成。（1）开头。开头主要说明发函的缘由、目的、根据、原因等内容，然后用"现将有关事项函请如下"等过渡语转入下文。复函的缘由部分一般先引叙来文的标题、发文字号，然后再交代根据，说明发文缘由。（2）主体。主体是函的核心部分，主要说明致函事项。内容单一，一函一事，行文要直陈其事。无论是商洽工作、询问和答复问题，还是向主管部门请求批准事项等，都要用简洁得体的语言把需要告诉对方的问题、意见写清楚。如果属于复函，还要注意答复事项的针对性和明确性。（3）结尾。结尾一般用礼貌性语言向对方提出希望，或请对方协助解决某一问题，或请对方及时复函，或请对方提出意见，或请主管部门批准等。函的结语通常根据函询、函告、函或函复的事项，选择运用不同的结束语，如"特此函询""请即复函""特此函告""特此函复"等。函的落款一般包括发文机关名称和成文时间两项内容，并加盖公章。

函有哪些写作技巧？

一是要用简要的文字，将需要商洽、询问、答复、申请、知照的事项和问题交代清楚。二是用语要讲究分寸。函主要用来协商、配合与互通信息，用语要讲究礼节，委婉得体，不使用告诫、命令性词语。涉外公函或不相隶属机关之间的公函，还要使用尊称或者致意性词语，但不可过分，用语应当适度，掌握分寸。三是函主要用于说明有关事项和提出要求，必须行文郑重。四是要使用规范化格式，使用印有发文机关标志的文头纸，拟定标题，编制发文字号，并适时立卷存档。

函的写作要注意哪些问题？

第一，表述清楚。函是代表机关向外联系工作、商洽事情、请求帮助的公文。要想得到对方的理解、接受和支持，叙事必须清楚明白，行文表达有理有节，令人信服，能够引起对方感情上的共鸣，使对方乐意帮助解决问题。

第二，篇幅短小。函不必详细叙述过程，更不必大发议论，要求辞约意丰。在写作过程中，要注意推断对方见函后的心理特征，采用不同的写法。比如，答复函的写法，如果属于肯定性的，开头可以将答复的内容提出，再叙述其他有关事宜。如果属于否定性的，开头不宜将否定内容提出，而是先简明、恳切地说明理由，最后表明否定态度，使对方理解和谅解，不致产生误解和反感。

第三，语言得体。函的写作，首先要注意行文简洁明确，用语把握分寸。无论是平行机关或是不相隶属机关的行文，语气都要平和有礼，不要以势压人或强人所难，也不必逢迎恭维、曲意客套。复函则要注意行文的针对性和答复的明确性。

六、纪要的写作

纪要及其适用范围是什么？

纪要是用于记载、传达会议情况和议定事项的公文文种，是各级事业单位常用的公文之一。纪要可适用于事业单位上级机关、下级机关及平级机关。纪要是实录性公文，是在对会议讨论的事项加以归纳、整理的基础上，将会议内容反映出来的公文文种。纪要除能够起到通报会议精神的作用外，上报上级机关的纪要还能起到反映情况、汇报工作的作用；下发下级机关的纪要，具有统一认识、指导工作的作用；抄送平行机关或不相隶属机关的纪要，能起到交流信息、沟通情况、知照事项的作用。

纪要有什么特点？

一是纪实性。纪要必须是会议宗旨、基本精神和所议定事项的真实概要纪实，不能随意增减更改内容，不真实的材料不得写进会议纪要。二是内部性。纪要是记载会议情况和议定事项的内部文件，可以印发参会单位和其他单位，但不向社会公开。三是指导性。纪要要求与会单位和相关部门依据其内容开展工作，落实会议精神，具有指导作用。四是概括性。纪要必须条理化，眉目清晰，精其髓，概其要，以精练的文字高度概括会议的内容和结论。纪要既要反映与会者的一致意见，又要兼顾其他有价值的看法。

纪要有哪些类型？

纪要可以分为以下七类。（1）工作会议纪要。侧重于记录贯彻有关工作方针、政策，及其相应要解决的问题，如《全国机关事务工作会议纪要》等。（2）代表会议纪要。侧重于记录会议议程和通过的决议，以及今后工作的建议，如《江西省第一次盲人聋哑人代表会议纪要》等。（3）座谈会议纪要。内容单一、集中，如侧重于工作、思想、理论、学习的纪要，如《京津冀一体化座谈会纪要》等。（4）联席会议纪要。指不同单位、团体，为了解决彼此有关的问题而联合举行会议，在此基础上形成的纪要。侧重于记录两边达成的共同协议。（5）办公会议纪要。对本单位或本系统有关工作问题的讨论、商定、研究、决议的文字记录。（6）技术鉴定会议纪要。为鉴定某一物体或某一技术给出的结论性材料。（7）科研学术会议纪要。

纪要的写作格式有哪些？

纪要标题有两种格式。一是会议名称＋纪要，即在"纪要"两个字前写上会议名称，如"山东省政府法制工作会议纪要"。二是把会议主要内容在标题中表述，如"关于落实习近平同志批示开展厉行节约反对浪费的会议纪要"。纪要还包含发文编号。纪要文号写在标题的正下方，由年份、序号组成，用全角标出，如〔2004〕67号。正规严肃的办公会议纪要一般要标注期次，如"第××期""第××次"等，写在标题的正下方。会议纪要的时间可以写在标题的下方，也可以写在落款处。纪要正文开头要对会议做出概述，介绍会议的背景、时间、地点、原因、目的、参加会议的人数和议题。纪要主体部分着重记录会议的主要内容，即讨论情况、会议决定的主要事项、会议取得的成果、今后工作的要求及贯彻落实会议的措施。具体写法如下：（1）发言记录式，按照会议的发言顺序，将每个发言人的主要意见归纳整理出来；（2）分类式，按照内容加以归纳分类，每一类要有一个中心，用小标题或数字标明；（3）综合式，将前两种形式综合在一起使用，既能反映出会议的重点，又能如实反映在具体问题上个人的不同看法。纪要结尾要提出希望和号召，有的是以会议名义向本地区或本系统发出号召，要求贯彻执行会议精神；有的是突出强调贯彻落实会议精神的关键举措，指出核心问题；有的是对会议做出简要评价，结尾提出希望和要求。

纪要有哪些写作技巧？

第一，讲究结构。综合性会议纪要可以采用"横式"结构方法，归纳成几个问题并列说明；也可以采用"纵式"布局，一环套一环递进表述。专题性或专业性会议纪要，多采用"分条列项"结构，即在开头介绍总体情况后，用一段文字交代会议的中心议题、主要活动情况及总的评价；然后在内容上并列写几个段落，每个段落之前标序号、提要旨，一目了然。不能写成"流水账"或"会议日志"。

第二，突出中心。会议所集中解决的几个主要问题形成纪要的中心，切不可面面俱到。会议讨论中产生的不同意见，一般不纳入纪要，而应根据会议宗旨，集中反映符合会议中心要求的多数人的一致意见，可采用"会议听取了""会议讨论了""会议研究了""会议认为""会议决定"等提法；对有分歧的意见，除学术性会议纪要外，一般不写入纪要。

第三，关注用语。上报的会议纪要使用对上的语气，如"会议讨论了以下几个问题""会议考虑"等；下发的会议纪要可用"会议决定""会议要求""会议强调""会议号召"等。在写作过程中，要注意条理化和理论化。条理化是对会议讨论的意见分类归纳，做到层次清晰；理论化是对会议讨论的意见尽力给予理论上的概括，提纲挈领，画龙点睛。

第四，客观实在。会议纪要来源于会议记录，会议记录必须依据会议的实际内容，不能随心所欲地增减或更改。在写作过程中，如果感到有的内容必须有所增减时，要经单位主要领导同意。

纪要写作重点要关注哪些问题？

第一，文种要清晰。会议纪要与会议决议、会议记录、会议简报、会议公报等，同属会议文件，都是会议的直接产品，但有一定的区别。会议决议是按照法定多数表决通过的，而会议纪要是由会议主持机关审定制发的；决议的内容比较精简，而纪要要求详尽具体。会议记录是完成纪要写作的客观原始材料之一，经过筛选、整理的会议记录才能写入纪要。会议简报主要用于反映会议动态、沟通情况，所载内容只具有参考性，不像会议纪要具有指挥执行作用。会议公报是报道会议的核心内容，是纪要要点，仅用于党和国家高层次会议。

第二，材料要真实。会议纪要必须对材料进行整理、归纳、提炼、分析，围绕会议主旨精心安排相关内容。纪要必须反映会议真实情况，不能掺杂非与会者的意见和看法，不能超出会议的内容，记录者不能将自己的观点写进去。

第三，条理要清晰。在会议讨论过程中，与会者的发言一般是根据会议的情况即兴而发的，逻辑性和条理性不是特别清晰，重复的语句也时有发生，因此，记录人一定要对与会者讲话进行概括,准确反映和领悟其中的含义。在起草会议纪要过程中,要反复对照会议记录,确保与会议精神保持一致。

第四,主题要突出。纪要是与会者共同意志的体现,落款应是全体与会单位,故不写落款,不加盖公章。会议纪要不可能把会议的所有意见,特别是不同意见全部纳入纪要,必须根据会议的中心议题,分析各种意见,找到能够集中反映符合会议中心的多数人的意见,突出主题,抓住中心。

七、其他公文的写法

除法定的15类公文(常用公文)外,事业单位的其他公文类型较多,既有规章性公文,又有事务性公文。由于篇幅所限,这里只介绍总结、简报和领导讲话三类经常使用公文的写作方法。

(一)总结的写法

总结有哪些类型?

总结是对前一阶段工作和活动进行全面回顾、检查、分析、评判,从理论认识的高度概括经验和教训,以明确努力方向,指导今后工作的一种文体。总结是事业单位广泛使用的常用文体。

根据不同标准,总结有许多类型。按时间分类,有月度总结、季度总结、半年总结、年度总结、一年以上的时期总结等;按内容分类,有工作总结、教学总结、学习总结、科研总结、思想总结、项目总结等;按范围分类,有班组总结、单位总结、行业总结、地区总结等;按性质分类,有全面总结、专题总结等。

总结的写作结构是什么?

总结由标题、正文和落款构成。(1)标题。一般有3种方式:一是由发文机关名称、时间和文种构成;二是省略发文机关,由时间和文种组成;三是使用双标题,用一句话或者短语作正标题,副标题标明发文机关名称、时间和文种类别。(2)正文。一般包括四部分内容:首先概述某一阶段内的工作情况,包括工作背景、基础、成绩、效果等;其次写经验体会,包括具体做法、事例、数据等;再次写存在的问题,分析产生问题的原因;最后写今后工作的设想、打算和努力方向。根据内容的复杂程度，可以用小标题分列陈述。（3）落款。要标注法定作者、日期，如果在标题中或者标题下已经标明，可以省略。

总结的写作技巧有哪些？

总结的写作要以事实为根据，条理清晰，用词准确，详略适宜。其中，关键在正文。正文的写作结构一般有以下几种方式。一是层层递进式。开头先讲明这项工作的背景及总体评估，然后分别按照逻辑顺序，一层一层表述，一层一个意思。二是条款并列式。用条和款的形式，安排内容，款说明条的内容和要求。三是"三大块"式。这是综合性工作总结常见的一种形式。三大块包括基本情况概述、主要做法和今后打算。在文字详略上表现为"两头小、中间大"。四是因果倒置式。通常开头先讲工作所取得的成绩，这就是"果"，随后分条列项地表述这一成果取得的原因，也就是经验、体会，先"果"后"因"，形成"因果倒置"。五是正反对比式。把经验与教训糅合在一起，归纳成几个大问题，逐一从事实与道理、正面与反面等方面进行阐述。

拟写总结要注意哪些问题？

第一，把握三个禁忌。一是不能把总结写成记流水账，把工作过程写成按照时间先后排列的材料堆砌。二是不能只讲好的，不讲坏的。总结中不能只讲成绩，不谈问题；只讲优点，不谈缺点。总结的目的就是要肯定成绩，找出缺点和不足，以利于工作改进。三是不能不分主次。总结不分支流主流，把现象当成本质，把支流当成主流，是总结写作的大忌。

第二，把握与计划的区别。今年的总结是对去年计划的检验，因此，写总结必须以上一年的计划做前提，今年的总结反过来又成为制订明年计划的基础。

第三，把握与报告的区别。工作报告在表述上大量使用叙述，只在篇、部分、段的开头，提纲挈领地使用一些议论性文字。而总结对事实、情况的直接叙述只占少部分，而且是概括性的，较多使用的是议论和说明性文字。一般的工作报告，无论是专题性的还是综合性的，其行文方向都是上行文；总结不但要上报，而且要下发，属于中性行文。与工作报告相比，总结的理性成分更浓，规律性东西更多，对问题的认识更加全面具体。

（二）简报的写法

简报的文种及类型是什么？

简报是事业单位为及时反映情况、汇报工作、交流经验、揭示问题而编发的一种内部文件。

简报种类繁多，按照不同的分类标准，有不同类型。按时间划分，简报可分为定期简报和不定期简报；按发送范围划分，有供领导阅读的内部简报，也有发送较多、阅读范围较广的普发性简报；按内容划分，简报可分为工作简报、会议简报、经验简报、科技简报、动态简报等。

简报有什么作用？

一是迅速反映情况。通过简报，可以将工作进展情况及工作中出现的新情况、新问题、新经验及时反映给上级决策机关，使决策机关了解下情，为制定政策、指导工作提供参考。二是及时交流经验。简报通过组织交流，可以提供情况、借鉴经验、吸取教训，对阅知单位和部门的工作有指导和推动作用。三是充分传播和沟通信息。简报本身是一种信息载体，可以使各级机关领导和工作人员互相了解情况，学习先进经验，借鉴有益做法。

简报的写作格式是什么？

1. 标题。简报标题可分为双标题和单标题两种类型。（1）双标题。一是正题前面加引题。前一个标题是引题，指出作用和意义；后一个标题是正题，概括主要内容。二是正题后面加副题。前一个标题是正题，概括事实的性质，后一个标题是副题，补充叙述基本事实。（2）单标题。将叙述的核心事实或主要意义概括为一句话作为标题，标题的提炼要准确无误，高度概括。

2. 正文。由导语、主体、结尾三部分构成。（1）导语。可以根据主题需要，分别采用叙述式、描写式、提问式、结论式等多种形式。（2）主体。是简报的主要部分，主要任务是用大量典型的、富有说服力的材料，把导语的内容加以具体化，用材料来说明观点。写好主体是编好简报的关键，其层次安排有"纵式"和"横式"两种形态。纵式结构按事件发生、发展的时间顺序安排材料，横式结构按事理分类的逻辑顺序安排材料。如果内容比较丰富，各层可以采取加小标题的方式来凸显，以方便阅读。（3）结尾。简报要不要结尾，视内容而定。事情比较单一，篇幅比较短小的，可以不写结尾，主体部分说完就结束，干净利落。事情比较复杂，内容较多的，可以有结尾，对全文作小结，加深读者印象。连续性发布的简报，在结尾部分可以用交代性话语作为结束，如"后续情况我们将在下期报告"等。

3. 版记。简报版记一般包括报、送、发三类单位，三个行文方向。报，指简报呈报的单位或者领导，属于上行文。送，指简报送往的同级单位或不相隶属的单位，属于平行文。发，指简报发放的下级单位，属于下行文。如果报、送、发单位是固定的，当需要临时增加新的发放单位时，一般注明本期增发的单位或者领导名单。另外，版记部分还包括本期简报的印刷份数。

简报有哪些要求？

第一，材料要真实。简报所反映的事实、主要情节及工作细节，都必须做到准确无误，不能报喜不报忧，更不能粉饰加工，特别是不能移花接木，把不同时期的事项集中在一个时段描述，把多部门的事项集中到一个部门描述，把事后发生的事情写在事前或事中，这都是简报的大忌。

第二，篇幅要短小。简报是简明扼要、精悍短小的文字材料，发挥快速传递信息、交流经验的作用，如果文字冗长，就变成了"情况通报"或"工作报告"。俗话说，简报简报，点点到到，要想写好，简明扼要，意思是把一件事物的基本情况反映出来就行，只求一侧，不求全貌[1]。

第三，速度要快捷。简报不求全，但求快。只有快，才能真正发挥对工作的指导性作用；否则，事情发生了，但简报迟迟未出，简报走在工作的后面，即使内容再好，也很难起到制定政策依据、扩大交流信息等指导性作用。所以，简报的生命在于发挥"轻骑兵"作用，如果成了"马后炮"，就是简报的最大失败。

第四，语言要生动。简报篇幅短小，要让人爱读爱看，必须在语言运用上下功夫。所以，要做到文字生动活泼，读后令人印象深刻，可以采用不同的表现手法，必要时还可采用写通讯的手法，做具体形象的描述，以情动人，不能写成官样文章，

---

[1] 张保忠. 最新公文写作技巧与范例全书［M］. 北京：中国时代经济出版社，2011：198.

让人读起来干瘪苦涩。

拟写简报要注意哪些问题？

第一，突出内容的专业性。简报与其他文种不同，具有十分明显的专业性特征。比如，人口普查简报、水利工程简报、研究生招考工作简报等，不同行业、不同内容、不同进度特别是各个阶段和时期的不同特点，包括情况、经验、问题和对策等，让读者耳目一新。在写作过程中，要做到一般性的东西少说，无关的东西不说，专业性的东西多说。

第二，突出篇幅的简短性。语言必须简明精练，篇幅必须短小精悍。中央八项规定实施以后，一般的简报篇幅控制在 2 000 字以内，4 个页码。要做到这一点，首先，选材要典型，内容要集中，一份简报一个主题。其次，事情摸得透，揭示本质，抓住关键，不啰嗦冗长。最后，要开门见山，直截了当，不说空话、套话，不穿靴戴帽，不写意思重复的句子。

第三，突出范围的内部性。简报是机关内部交流的工具，一般在编报机关管辖范围内各单位之间进行交流，不宜甚至不能公开传播，特别是涉外机关、涉密单位和专门会议、专业性场合的简报。另外，有的简报是专给某一级领导人看的，事项本身带有一定的保密性，更不能任意扩大阅知范围。

（三）讲话稿的写作

讲话稿及其特征是什么？

讲话稿是事业单位领导或者负责人在不同类型会议或者场合上发表的总结性、部署性、表彰性、庆祝性等不同性质的致辞或者发言，是事业单位适用频率非常高的一类文种。

讲话稿的类型很多，有工作会议讲话稿、庆祝性讲话稿、纪念性讲话稿、庆功性讲话稿、表彰性讲话稿、庆典仪式讲话稿、节日活动讲话稿、礼仪活动讲话稿、文体活动讲话稿等。工作会议讲话稿是指事业单位在会议过程中，有关领导就会议主题、目标、任务、措施等内容，对下属单位或组织所做的指示性、部署性、指导性意见的一类文种。

讲话稿有哪些格式?

工作会议讲话稿一般由标题、署名、正文和结尾组成。

(1)标题。包括讲话者、会议名称、文种类别(讲话),也可以只写会议名称和文种类别,而将讲话者、日期在标题下标明。个别情况下可以使用正副双标题。

(2)署名。一般在标题的正下方,标注讲话人的姓名、职务和讲话时间;如果标题已经有讲话人姓名,一般标注讲话时间。

(3)正文。先后次序是称呼、开头、主体、结尾。

称呼。领导讲话都是有具体对象的,所以在标题和讲话日期下有对参加会议或活动者的称呼,常见的有"同志们"或"尊敬的××领导、各位嘉宾、同志们"等。称呼及顺序排列根据参加会议或活动的对象而定。

开头。讲话稿谋篇布局,开头十分重要。讲话稿开头的总体要求是,能充分调动听众的吸引力和注意力,并能引出主体内容。开头的方式很多,没有固定的模式。有平铺直叙式,如会议开始时就介绍会议背景、会议议题和会议所要达到的目的。有开宗明义式,即在讲话的开头直截了当地提出问题,将讲话者的意图和盘托出。有表态式,即表明讲话者对所谈问题的态度,然后顺势把下面要讲的主要内容点出来。如果是补充性讲话,则是对前面领导讲话或工作安排表明自己的态度或观点。

主体。讲话稿的主体是讲话稿的重点部分,是讲话成功与否的关键。这一部分要就开头部分提到的观点展开阐述,做到中心突出,条理清晰,论据充分,论证严密。主体部分结构可分成条块式,也可不分。主体结构通常有递进式,以事物发展顺序为序,层层递进;并列式,把总论点分成几个分论点,每一部分阐述一个分论点,分论点之间的关系相互并列。

结尾。讲话稿的结尾要对讲话的主要内容加以概括和提炼,进一步加深听众的印象。常见结尾方式:希望式,对与会者提出要求和希望;展望式,在即将结束讲话时,对未来前景作一番展望;总结式,对全文主要内容进行总结概括。

讲话稿有哪些写作技巧?

总体上讲,讲话稿的写作要做到以下3点。

第一,有吸引力。要紧紧围绕主题,选择具体生动、易于被听众理解、说服力和鼓动力强的材料，以爱憎分明的情感打动听众。讲话稿无论是引用史例、联系现实，还是举出实例，加以议论，都要情真意切、寓理于情，切忌陈词滥调。

第二，有控制力。让听众爱听、听得进去。所以，条理清晰、跌宕起伏的结构设计，必须周密而精巧，完整而灵活，这样才会更好地产生控制力量。优秀的讲话稿，特别要在层次清楚的同时，有张有弛，结尾感情色彩浓，哲理性强。

第三，有感染力。既要阳春白雪，又要下里巴人。讲话稿的语言要口语化，明白晓畅，生动悦耳。要使用多种修辞手法，把抽象的道理具体化，概念的东西形象化，努力避免从议论到议论的空洞说教或脱离实际的抒情。

在写作过程中，必须全面了解会议的情况和基本精神，注意讲话内容的准确性。言辞要热烈，能激发与会者参加会议的热情，提高人们的干劲和勇气。文字要精练，讲话时间不宜过长，具有简明性、生动性和吸引力。

拟写讲话稿要注意哪些问题？

讲话稿的写作是事业单位工作的常规事项，也是考验一个人文字功夫的重要标准，拟写讲话稿要注意以下几个方面。

第一，从结构布局看。完整讲话稿的一般结构有：前言（目的、主题、任务）；第一部分（必要性、紧迫性、现实性等）；第二部分（工作内容、主要任务和措施）；第三部分（组织领导和工作要求）；结尾部分（号召性、表态性语言）。

第二，从写作角度看。出色的讲话稿要把握"四问环节"：一问写的是什么；二问给谁写；三问写给谁看（讲给谁听），不同对象不同要求，不同场合不同口气；四问达到什么目的，动员、部署、总结、指导还是报告、说明、解释、解答等。

第三，从判断标准上看。好的讲话稿要紧扣"四求标准"：一是求"高"，思维层次上得去，站在领导的高度去思考问题、谋篇布局；二是求"新"，做到视角新、思路新、概括新、结构新、语言新；三是求"实"，情况分析归纳实在，结合实际，指导意见切实可行；四是求"顺"，基本思路顺、框架结构顺、逻辑关系顺。

第四，从审核技巧看。好的讲话稿要落实"四看要求"：一看到位不到位，层次、态度、思想、语言是否符合要求；二看得体不得体，是否符合讲话人身份、维护发言者形象，顾及各方面的影响；三看严谨不严谨，是否经得起检验、推敲，说法、提法、数据、引证等是否恰当；四看细致不细致，有无文字错漏、明显病句、格式不当、漏页错页、打印错误等。

第三节　公文审核要领

事业单位公文审核,重点把握初审、细查和推敲三个环节。

公文初审环节要注意什么?

事业单位公文初审重点做到"五看"。一看是否需要行文。要按照中央八项规定及其实施细则精神和《国务院工作规则》关于精简会议、精简文件简报的精神,对可发可不发的文件坚决不发,能采取打电话等方式解决问题的坚决不行文,切实减少文山会海。二看是否符合方针政策。凡公文都要符合党的方针政策要求,凡改变现行政策规定或提出新的政策规定,要切实可行,并与原有规定相衔接。切不可另搞一套,与中央政策相违背。三看是否符合公文格式。公文格式即公文规格式样,主要包括公文通用纸张尺寸、规格,书写形式和公文各组成部分的排列顺序。四看观点与材料是否一致。谈观点没有材料和谈材料没有观点是撰写公文的大忌,要学会用材料说明自己的观点。材料不要多,能够说明问题就行。五看语言是否准确简洁。公文语言有两个要求,一是要准确,二是要简洁。准确指公文用语要恰如其分地表达公文内容,使人一看就知道公文的中心思想和基本精神,绝对不能模棱两可,似是而非。简洁就是要简明扼要,没有多余的话,用较少的文字表达较丰富的内容。

公文细查环节要注意什么?

常言道,文章不厌百回改。也有人认为,改比写还难。可见,从某种意义上说,文章是改出来的。因此,公文初审后,还不能马上送领导,必须认真修改检查,而且重点要查观点、查材料、查结构、查衔接、查遗漏、查重复、查矛盾、查格式、查字词、查标点。以上诸项不论哪方面出了问题,都会影响公文质量和领导机关的威信。公文起草人和把关人细查每一篇公文,是工作的基本职责,也是确保事业单位工作有序开展的重要基础。

修改公文一般有哪几种做法？

从时序和形式上看，修改公文一般有四种做法。一是"热"改。公文写完后，趁热打铁，马上开始修改，看看体例、提纲、谋篇布局是否达到预期目的，及时添加写作时遗漏的一些内容。二是"冷"改。公文写完后，搁置一段时间，甚至更长时间进行冷处理，待当时的写作激情彻底消退后，再拿出来重新斟酌，跳出原来的写作思维和框架进行审视，以一种客观、挑刺的心理进行修改，看结构是否严谨，内容是否充实，词语是否妥帖。三是"请"改。摒弃同行是冤家、文人相轻的陋习，主动请行家里手、单位领导、同事朋友、专家学者，特别是本单位工作经历多、工作时间长、经验丰富的同志帮助修改，并对行文格式、主要内容、逻辑形式等方面进行把关，做到言之凿凿、上下认同。四是"诵"改，特别是领导讲话稿，吟诵读改是非常好的方法。古人写诗讲究反复吟诵，道理皆然。事业单位公文，特别是领导讲话稿要反复诵读。通过诵读，才能发现哪些语句长短不合适，哪些地方有漏字和错别字，哪些话语不适合领导的语气和口吻等，从而使讲话稿达到字、词、句、篇严谨统一，珠联璧合的目的[①]。

公文推敲环节要注意什么？

对已写好的公文从头到尾要用"语法、修辞、逻辑"三把尺子进行衡量。有的句子从语法角度看没有问题，但不符合逻辑要求。要从义理、考据、辞章统一的角度，认真审核每一篇公文。讲义理，即要求公文做到观点正确，论据充分；讲考据，就是公文所引用的材料和作为铺垫的材料要准确、充分，有说服力；讲辞章，就是公文的形式要好。一篇好的公文同时要做到准确性、鲜明性、生动性相结合，其中准确性属于概念、判断、推理问题，即逻辑问题；鲜明性、生动性主要是辞章问题。

毛泽东同志曾经指出，现在许多文件的缺点是：第一，概念不明确；第二，判断不恰当；第三，使用概念和判断进行推理的时候又缺乏逻辑性；第四，不讲究辞章。看这种文件是一场大灾难，耗费精力又少有所得[②]。

---

① 王德. 一本书学会机关实务——办文[M]. 北京：人民日报出版社，2020：271-272.
② 岳海翔，詹红旗，赵同勤. 名家谈这样写文章[M]. 北京：中国言实出版社，2009：19.

第四节 提升公文写作能力

事业单位工作人员要提高文字水平，关键要掌握3个锦囊。同时要避免写文章的12个毛病。

事业单位公文写作有哪三个锦囊？

第一，坚持积累。尽量做到博学强记，扩大知识面。知识的岛屿越大，触及的海岸线就越长。要善于从生活中学习，向领导和同事学习，增加生活阅历，扩大知识面。文章合为时而著。事业单位公文写作是一种应用写作，只有合时、合事、合地，才能发挥作用，体现价值。提高写作水平，要不断扩大自己的视野，坚持积累生活经验，洞察内在规律，提高笔头能力。古诗中"腹有诗书气自华"，充分说明了读书与写好文章的关系。目前有些事业单位工作人员心浮气躁，忙于迎来送往，静不下心来，书读得太少，文化底蕴不足。补救办法只有一个，就是读书、读书、再读书，从书本中汲取养分，从工作中汲取营养，从领导和同事身上汲取经验，海纳百川、博采众长，力争做一个"杂家"和"多面手"。

第二，善于思考。尽量做到深思熟虑，成为行家里手。学是思的基础，思是学的深化。"思"重点有三个方面。一是思古典。古人是在什么情况下写出的文章，为什么这样写，文章揭示了什么道理，在当时产生了什么影响，由近到远，由今到古深入思索。二是思当代。结合现实生活、具体工作和写作中存在的问题进行思考，展开多向度思维，深入思考、释疑解惑，从中发现规律性和规则性东西。三是思自身。"人品"即"文品"，静坐常思自己过，以书为鉴，揽镜自照，看自身的缺点，不断修正自己的认识和为人处世的方式，然后行之于文字。"三思"之中，特别要注意"思"现在，领导如何修改自己写过的东西，为什么这样修改，要深入思考、反复琢磨、留存备用、点滴积累。只有这样，才能逐渐提高写作水平。

第三，勤写苦练。要懂得天道酬勤的道理，敢于坐冷板凳。做文字工作，要有敢于和甘于坐冷板凳的精神，如果整天忙忙碌碌、吃喝应酬，想做好文字工作是不可能的。首先，要勤写。成功没有捷径，一个懒得动笔的人是很难学有所成的。俗话说熟能生巧。唐代诗人孟郊曾作诗，不有百炼火，孰知寸金精。可见勤写才能出成果，才能多做贡献。其次，要勤改。古人讲"两句三年得，一吟双泪流"，充分说明了文章修改的艰巨性和重要性。应该说，好文章不是写出来的，而是改出来的，厚积才能薄发，深入才能浅出。所以，写好事业单位公文，必须抵得住诱惑、耐得住寂寞、守得住孤灯、坐得住冷板凳，这样才能修成正果，妙笔生花①。

一般文章有哪 12 个毛病？

著名作家何其芳曾说过，一般文章的毛病主要有 12 个方面：抽象笼统，叙事不具体，说理不分析；根据不足，就下断语，我要怎样说就怎样说，信不信由你；强调一点，不加限制，反驳别人，易走极端，没有分寸，不够周密；大家都知道的事情说得很多，以为只有自己知道别人不知道；别人不知道的事情说得很少，以为自己知道别人也知道；许多事情和问题，随便放在一起，没有中心，没有层次，逐段读时也还可以，读完以后一片模糊；写到下句不管上句，写到后面不管前面；信手写来，离题万里，偏又爱惜，舍不得割弃；抄书太多，使人昏昏欲睡；生造词语，乱用术语，疙里疙瘩，词不达意；没有吸取说话里面的单纯易懂、生动亲切等好处，只剩下说话里面的啰嗦重复、马虎破碎等缺点；没有学到外国语法的精密，却模仿翻译文字造长句子，想把天下的事情一口气说完，一直是逗点到底。②

---

① 王德. 一本书学会机关实务——办文［M］. 北京：人民日报出版社，2020：299-301.
② 岳海翔，詹红旗，赵同勤. 名家谈这样写文章［M］. 北京：中国言实出版社，2009：140-141.

第五章
调查研究能力

党的十八大以来，以习近平同志为核心的党中央高度重视调查研究工作。习近平总书记指出，调查研究是谋事之基、成事之道，没有调查就没有发言权，没有调查就没有决策权；正确的决策离不开调查研究，正确的贯彻落实同样也离不开调查研究；调查研究是获得真知灼见的源头活水，是做好工作的基本功；要在全党大兴调查研究之风。2023年3月，中共中央办公厅印发了《关于在全党大兴调查研究的工作方案》（以下简称《方案》）。《方案》指出，在全党大兴调查研究，要坚持以习近平新时代中国特色社会主义思想为指导，全面贯彻落实党的二十大精神，坚持实事求是，坚守党性原则，一切从实际出发，理论联系实际，听真话、察实情，坚持真理、修正错误，有一是一、有二是二，既报喜又报忧，不唯书、不唯上、只唯实。要立足推动高质量发展，围绕做好事关全局的战略性调研、破解复杂难题的对策性调研、新时代新情况的前瞻性调研、重大工作项目的跟踪性调研、典型案例的解剖式调研、推动落实的督查式调研。

事业单位调查研究工作有特定范围与内容、原则与要求，必须遵循其内在规律，在科学原则的指导下进行。提高事业单位调查研究能力，要把握调查研究的基本概念与含义，厘清调查研究的重点与领域，把握调查研究工作的对象与方法，提高调查研究的质量与效率，只有这样，才能为事业单位工作的开展和事业发展奠定基础，提供支撑。[①]

---

① 王德，李征. 一本书学会机关实务——办事[M]. 北京：人民日报出版社，2020：135-144.

第一节 调查研究工作概述

什么是调查研究和调查研究能力？

调查研究是人们认识、了解、分析社会问题和社会现象，解释与预测社会发展变化的重要手段，是事业单位重要的业务工作，也是事业单位工作人员的常规工作。调查研究能力是对调研工作有计划地组织、指挥、协调和控制的知识和水平。调查研究能力彰显了事业单位工作人员的办事能力，也在一定程度上展示了事业单位的综合治理水平。

事业单位调查研究重点有哪些内容？

从内容上看，事业单位调查研究一般重点围绕下列工作来开展。

一是政策性调研。了解调查对象贯彻落实有关法律、法规、制度等情况，以及有关方针政策的贯彻实施情况、存在的问题和矛盾等。将了解到的情况反馈给领导或有关部门，使之能够及时调控，指导工作。

二是基本情况调研。通过对本地区、本机关、本单位等基本情况的调研，掌握全面确凿的资料，增强工作的针对性、主动性，减少盲目性和被动性。

三是专题性调研。对上级机关交办的或本单位领导指定的，或配合中心工作进行的针对某个专题的调研，如对职工住房状况的调研，对事业单位绩效工资情况的调研等。专题性调研一般要求在短时间内完成，可以采用召开座谈会、个别访谈、书面问卷等方式开展。

四是经验性调研。对某先进单位、部门、班组、个人的工作或生产中比较成熟、具有一定代表性的经验进行深入调查和总结，在更大范围内宣传和推广。经验性调研要求选准对象，可以采用访问单位或部门负责人、听取当事人情况介绍等方式开展。

五是突发事件调研。对地区、单位内突然发生的政治性、经济性、生产性等群体或个人事件或事故进行迅速调研，查明事实真相、原因及后果，分清责任，提出处理办法，便于领导决策。可以采用现场察看、访问当事人和知情人、查阅资料等方式开展。

六是社会热点调研。对事业单位工作人员关心的社会热点或焦点问题，以及带有倾向性、苗头性的问题进行调研，弄清事实，把握动向，为领导提供启示性信息，提出合理化建议。

此外，根据《方案》，事业单位调查研究的重点内容还可以围绕战略性调研、对策性调研、前瞻性调研、跟踪性调研、解剖式调研、督查式调研等来开展。

事业单位调查研究的原则是什么？

事业单位调查研究一般要遵循以下3个原则。

一是客观性原则。要求做到：摒弃主观主义，对问题不先入为主，不主观臆断；摒弃官僚主义，不高高在上，不装腔作势；摒弃个人主义，不为了个人利益而绕开矛盾，避重就轻；克服唯上心理，有喜报喜，有忧报忧，不隐瞒事实。

二是辩证性原则。用矛盾的观点看问题，防止眉毛胡子一把抓，善于抓关键矛盾；用全面的眼光看问题，防止孤立片面，只见树木不见森林；用发展的眼光看问题，防止僵化保守，避免形而上学；防止用静止的观点看问题，坚持几十年一贯制，久久为功。

三是群众性原则。眼睛向下，放下架子，充分相信和依靠群众，和群众打成一片。如果在调研中态度傲慢，就不可能听到群众的真话、实话，调研也就必然失败。

事业单位调查研究的常见类型有哪几种？

一是普遍调查。对所有调查对象进行没有遗漏的全方位调查，以达到了解总体情况的目的，简称普查。普遍调查适用于重大的基本情况调查，需要全面了解情况而其他调查方法又不能解决问题的事项，如住房普查。这种调查获得的材料全面、广泛、详尽，有利于系统掌握各方面情况，但耗费的人力、物力、财力大，时间长。普遍调查常采用书面问卷和统计数据的方式进行，由调查主体向被调查对象发放调查表，让调查对象在统一的标准时间内填报，再由主管部门统一加工整理。

二是典型调查。在对全体调查对象进行分析研究的基础上，选择若干具有代表性的对象，有针对性地进行调查，又称个案调查。典型调查的关键是选择有代表性的对象，即"典型"，无论是先进典型还是落后典型，都要保证具有典型意义。典型调查的优点是，由于调查范围小，容易使调查人员集中精力深入调查；缺点是，在选择典型时，容易受调查者主观因素的影响。

三是抽样调查。从全体调查对象中抽取一定数目的单位样本进行调查研究，再用此结论推断总体的情况。抽样调查适用于调查对象数目庞大，无法一一调查，或只需要了解一般情况而不需要普遍调查的情况。典型调查的对象是预定的，抽样调查的对象是非预定的；典型调查的对象是依靠主观判断选择的，抽样调查的对象是靠概率选择的。抽样调查是公认的比较科学的调查方法。从类型上看，有简单抽样、分层抽样、等距抽样、阶段抽样、整群抽样等。

四是个案调查。从事物或现象的全体中认定单一个体作为调查对象，对其进行深入调查分析，以求解释现象，探明原因，给出明确的诊断和解决办法。典型调查是选择具有代表性的调查对象，通过解剖麻雀来认识共性，把握全局；个案调查则是就事论事，不要求调查对象一定具有代表性，具体问题具体分析，不需要从调查结论中推断全体和一般情况。

五是直接调查。调查者与调查对象面对面接触、交谈，直接了解有关情况。可以根据实际需要采用听取汇报、个别访谈、召开座谈会、现场观察等方法。直接调查有利于调查者与调查对象之间交流思想和感情，但也受到人际关系的限制，调查时要注意解除被调查对象的思想疑虑，让其畅所欲言。

六是间接调查。调查者采用非面对面的方式获取调查对象的有关材料。可以采用查阅资料、问卷调查等方法，前者如查阅书籍、报刊、文件和档案等，后者主要采用书面问卷方式。间接调查是直接调查的辅助手段。

第二节　组织调查研究

调研过程一般可以分为准备阶段、实施阶段和完成阶段。只有精心准备、周密考虑、全面筹划、深入实际、认真实施，才会得出有效的结论。

怎么准备调查研究？

第一，确定调研课题。调研课题即调研的具体项目。合理确定调研课题，主要是根据和围绕工作意图，紧扣实际工作和领导活动需要，搞清调研的中心目的和具体任务。调研课题质量直接决定调研活动的成效。

第二，收集有关资料。调研课题确定后，正式调查开始前，要针对调研课题的性质、对象、范围等，了解调查对象，熟悉有关情况，并注意搜集有关方针政策、上级指示精神及相关理论、经验、专业知识，为开展调研做好知识和材料的准备。

第三，制订调研计划。调研计划也称调研方案、调研实施方案等，即根据调研任务、对象、方法、人员等内容，制定科学的行动方案，保证调查研究能够按计划顺利进行。调研计划可以形成文字材料，也可以制成图表。调研计划一般包括调研的目的与要求、对象与范围、时间与步骤、方式与方法、组织与分工、手段和经费等。

第四，组织调研力量。一是要根据调研性质、任务，考虑组成人员，确定调研人选，人员编组尽量做到取长补短、合理搭配；二是进行合理分工，将调研人员分成若干组，便于分头开展工作。

怎么开展调查研究工作？

调研实施是调研工作的中心环节，主要任务如下：

第一，精心收集材料。以科学态度和实事求是精神，做深入细致的调查工作，力求全面系统地收集材料，掌握情况。同时注意边调查边研究，去粗取精、去伪存真。材料的收集不是漫无边际的，而是有目的、有范围地自觉进行。

第二，选用合适方法。调研实施阶段常用的方法如下：

一是个别访谈法。对调查对象采取个别交谈、分别访问的形式，了解或核实有关情况。访谈前要注意拟定提纲，选好地点，消除对方顾虑。访谈中要讲究方式方法及态度和语气，不作任何有倾向性的暗示，保证取得尽可能真实、公正的材料。个别访谈法比较费时费力，获得的材料感性成分较多。

二是开会座谈法。选择若干调查对象，召开目的明确的座谈会，让与会者畅所欲言，进而获取调查材料。调查对象必须是问题的知情者或当事人，敢于当众说话。

参加人数一般以 3～5 人或者 10 多人为宜。要事先通知调查的目的和内容，打消座谈人员的顾虑。这种方法容易使参加者产生随声附和的现象，不适宜有涉密内容的调查。

三是问卷调查法。把需要了解的情况设计成不同类型的题目并组成书面问卷（又称调查表），发给调查对象请其作答。这种方法一般适合调查内容相对集中、调查对象要求覆盖面大、时间要求不太高的情况。调查问卷有开放式和封闭式两种。开放式问卷的题型是填空题和问答题，由调查对象自由填写、作答，不受任何限制，可以各抒己见，答案既有共性又有个性；封闭式问卷的题型是选择题和是非题，调查对象只能在给定的答案内做出选择或判断，由于答案是预定的，无法调查到特殊的情况。

四是查阅资料法。调研者根据需要查阅的书面资料，如报刊、文件、报表等，有目的、有计划、有重点地收集和获取所需要的材料。在条件允许的情况下，查阅过程中可以做摘录笔记或卡片、撰写提要、复印重点、翻看照片等。

五是现场观察法。调研者通过亲临现场，对调查对象的状态变化进行勘察并作记录，以获取材料。要求调查者确立观察重点，用心专注地观察。为了防止弄虚作假，一般情况下可以不事先通知，重大事故现场还必须事先保护好现场。

六是实验调查法。经过特殊安排，适当控制某些条件，使一定的社会现象发生，以揭示其产生的原因和规律。实验调查法可以比较准确地了解有关现象的变化，深刻掌握事物发展规律，结论一般具有较强的准确性和可靠性。

第三，把握基本要求。一是全面。要了解调查对象的全貌、全过程，不能片面零碎，残缺不全。二是新颖。调查中要善于发现和挖掘新材料，抓住新问题、新情况、新矛盾，以求得出新的认识结果。三是可靠。调查获取的材料必须真实可靠，不夸大、不缩小，经得起查问。调查中必须做好记录，可采取笔录、录音和录像等方式。如果调查项目多，应当当场记录。记录中要注意突出重点，抓住要害，避免笔误。

第四，认真开展研究。研究要符合以下基本要求：一要认真鉴别。对材料的全面性、新颖性、可靠性等进行严格审核，去伪存真、去粗取精，如果有需要补充调查的，要及时进行调查，以丰富材料。二要做好分类。对材料按问题的性质摘要归类，通过逐项分析寻找事物的内在联系和规律，这是调查能否获得认识成果的重要一步。对分类材料要逐一编号，便于查阅。三要综合研究。紧紧围绕调查目的，运用归纳、演绎、对比、分析、综合等方法,对经过分类的材料进行概括、抽象、思索,得出正确的调查结论。

第五,得出科学结论。对收集来的材料首先要及时整理,用科学的方法将获得的材料按调研大纲的要求分门别类,使之系统化和条理化。材料整理后,按照由表及里、由此及彼,去粗取精、去伪存真的方法进行分析综合,说明事物的前因后果,揭示事物的内在本质,预测事物的发展趋势,并在此基础上提出解决问题的办法和对实际工作的具体建议。

第三节 把握调研方法

事业单位常用的调研方法有哪些?

事业单位常用的调研方法主要有以下几种。

一是分析方法。具体可以采用以下几个方法:定性分析,主要解决研究对象"是什么""不是什么"的问题;定量分析,主要解决研究对象"有多少""是多大"的问题;因果分析,主要解决"为什么"的问题;典型分析,通过对典型事例的分析抽象出带有共性和规律性的认识;矛盾分析,运用对立统一规律分析事物内部矛盾;系统分析,将事物看作有机联系的整体并对其要素加以解剖。

二是综合方法。具体可以采用以下几个方法:择优综合,将不同方面、不同部分的长处兼收并蓄,通过排列加工形成新的统一体。全息综合,选取一个系统信息中能够包容所有信息内容、富有时代特征的局部信息,从而全面认识一个系统;扬弃综合,摒弃过时的、没有现实价值的内容,保留有用的、具有现实价值的内容;归纳综合,从众多同类的个别事物中概括出共同属性。

三是比较方法。具体运用中可以采用纵向比较,将不同时期的同一事物加以比较,发现其发展变化;横向比较,将同一时期内的不同对象在同一标准下加以比较,发现其异同。同时,还有相同点比较、相异点比较、同异综合比较等。运用比较方法首先要保证比较对象具有可比性,即在性质上具有某些共同特性;其次要确定合理的比较标准,保证比较的合理性。

四是类比方法。具体运用中可以采用实体类比,用真实的事物作为类体说明本体的性质;喻体类比,用比喻的事物作为类体说明本体的性质;质体类比,以与该事物性质相同,发展趋势也相似的事物作为类体说明本体的性质。类比推理的结论不是必然的,而是或然的,运用时不可简单化。

第四节 撰写调研报告

事业单位调研报告有哪几种?

按内容性质分类,事业单位调研报告一般有以下6种。

一是专题型调研报告。侧重对某个问题进行较深入的调研后形成报告。这类报告一般常在标题上反映出来,能及时揭露现实生活中的矛盾,反映群众的意见和要求,研究急需解决的具体问题,并根据调研提出处理意见或者对策建议。

二是综合型调研报告。以综合调研众多对象及其基本情况为内容,作全面系统的调研和反映的报告,具有全面、系统、深入和篇幅较长的特点。与专题型调研报告的主要区别点就在于其具有综合性,使读者可以从报告中看到事物相对完整的"鸟瞰图"。

三是理论研究型调研报告。以学术研究为目的而撰写的报告,以收集、分类、整理资料并提出问题、报告结论为特点,大都发表在学术刊物上,或收录于学术著作中。

四是实际建议型调研报告。由于工作需要而撰写的调研报告,其主要内容是为预测、决策、制定政策、处理问题等进行调研所获得的材料及有关建议。

五是历史情况型调研报告。根据工作需要,以历史情况为对象进行调研而形成的调研报告,可以供人们了解某事物或问题的历史资料和历史真相。

六是现实情况型调研报告。以正在发生、发展的现实生活为对象进行调研后形成的调研报告。通过它可以了解和认识某些事物和问题的客观现实情况,作为其他认识活动的依据或参考。

另外,有些调研报告采取的是几种类型结合的方式。

怎么撰写事业单位调研报告?

事业单位调研报告的内容大体有标题、导语、概况、资料统计、理性分析、结论或对策、建议以及所附的材料等。由此形成的调研报告包括标题、导语、正文、结尾和落款五个部分。

一是标题。调研报告标题有单标题和双标题两类。单标题就是一个标题,其中又有公文式标题和文章式标题两种类型。公文式标题由事由+文种构成,如《浙江省农村教育中心语文教学情况的调研报告》;文章式标题如《××市事业单位改革调研报告》。双标题就是两个标题,即一个正题、一个副题,如《为了造福子孙后代——××县封山育林调研报告》等。

二是导语。导语又称引言,是调研报告的前言,简洁明了地介绍有关调研的情况,或提出全文的引子,为正文写作做好铺垫。常见的导语有:(1)简介式导语,即对调研的课题、对象、时间、地点、方式、经过等做简明的介绍。(2)概括式导语,即对调研报告的内容(包括课题、对象、调研内容、调查结果和分析结论等)做概括的说明。(3)交代式导语,即对课题产生的由来做简要介绍和说明。

三是正文。正文是调研报告的主体。对调研得来的事实和有关材料进行叙述,对所做出的分析进行议论,对调研结果和结论进行说明。正文结构有不同的框架,按照逻辑关系安排材料的框架有纵式结构、横式结构、纵横式结构,一般用纵横式结构。按照内容表达的层次组成的框架有:"情况—成果—问题—建议"式结构,多用于反映基本情况的调查报告;"成果—具体做法—经验"式结构,多用于介绍经验的调研报告;"问题—原因—意见或建议"式结构,多用于揭露问题的调研报告;"事件过程—事件性质结论—处理意见"式结构,多用于揭示案件是非的调研报告。

四是结尾。调研报告的结尾内容大多是调查者对问题的看法和建议,这是分析问题和解决问题的必然结果。调研报告的结尾方式主要有补充式、深化式、建议式、激发式等。

五是落款。调研报告的落款要写明调查者单位名称和个人姓名,以及完稿时间。如果标题下面已注明调查者,落款时可省略。

第五节　做好调研总结

怎么做好事业单位调研总结?

事业单位调研总结工作主要涉及两个方面。

第一,及时总结工作。撰写调研报告的目的,是以书面形式向领导机关和有关部门报告调研基本情况、实施过程和得出的结论,使领导机关和有关部门对所调查的实际情况有全面而准确的了解,便于做出决策,解决问题。对调研工作进行总结,主要通过总结得出成功的经验和失败的教训,以便今后开展工作,取长补短,推动事业向前发展。

第二,推动成果转化。调研工作完成阶段的工作重点在对调查研究做整体分析的基础上撰写调研报告,并对调研工作进行总结,实现调研成果的转化。调研成果的转化一般有两种方式,一是对调研报告进行压缩萃取,形成重要而简短的报告,向领导机关和领导同志报送,或在重要刊物上发表;二是将调研报告直接转化为规章制度或政策文件,形成指导日常工作的制度办法,并上升为各种管理规定或工作方案。

第六章
沟通协调能力

> 事业单位工作既涉及政务服务,又涉及事务管理,其中沟通协调是常规性工作。提高沟通协调能力是抓好政务服务、搞好事务管理、促使事业单位工作平衡协调发展的重要基础。

什么是沟通协调?

沟通协调是一种复杂的管理活动,是理顺关系、化解矛盾、改进方法、提高管理和工作效率的有效途径。严格意义上的沟通协调是指事业单位工作人员在职权范围内,根据工作需要或经领导授意,调整和改善不同组织或同一组织的不同部门,以及不同个体之间的关系,促使与工作有关的各项活动趋向同步化与和谐化,以实现工作目标的过程。事业单位的沟通协调工作涉及上下协调、内外协调、内容协调、形式协调等诸多方面。

第一节 沟通协调的内容

根据不同的性质,事业单位沟通协调工作的内容和范围有所变化,概括地说,主要包括决策规划协调、政策法规协调、事务工作协调和人际关系协调等方面。

事业单位沟通协调的主要内容有哪些？

第一，决策规划沟通协调。是沟通协调工作的经常性项目。决策和规划往往涉及不同机构、组织和人员，特别是重大项目和对本部门、本单位有重大影响的决策和规划，按照工作程序，行为主体必须征求各部门意见，反复进行不同层次的沟通协调。事业单位沟通协调主体通常包括决策机关、咨询机关、执行机关、指挥机关等不同层面。实践证明，只有将各种机构、各种力量和各种活动有机结合在一起，发挥集体力量，才能取得满意的决策规划协调效果。

第二，政策法规沟通协调。政策法规是法定组织为实现一定组织目标而制定和颁发的行为准则，由于政策法规的制定涉及方方面面，关系到集体、个人和社会利益，经常产生各种矛盾和冲突。事业单位参与社会事务管理，受行政主管部门或者政府职能部门委托，履行管理和服务职能，为社会提供服务。这就需要事业单位在具体工作中，特别是在履行管理和服务职能工作中，协助行政主管部门或者政府职能部门，主动沟通协调政策对象、政策目标和政策手段之间的关系。

第三，事务工作沟通协调。事务工作是事业单位工作人员的常规性工作。从广义上讲，事业单位的办文、办会、办事的所有工作都可以归结为事务工作范围。因此，在办文方面，要正确处理联合行文、联合承办、联合催办、联合会签等事项；在办会方面，要重点协调好会议的主题、会议内容、会议议程、会议文件、会议安排、会议报道等事项；在办事方面，要针对不同事项采取不同的协调办法，如上级检查指导、处理突发事件，平级机关之间学习观摩、参观考察，下级汇报工作、报告情况等，都要妥善处理各方面的关系，推动事务工作顺利进行。

第四，人际关系沟通协调。人际关系沟通协调主要是协调事业单位公务活动中人与人之间的各种关系，既有上级关系、平级关系，又有下级关系；既有个体对个体的协调，又有个体对组织及组织对个体的协调等。

第二节 沟通协调的原则

事业单位沟通协调要遵循哪些原则?

事业单位沟通协调应当符合公正、平等、透明、诚信等要求,遵循以下基本原则。

一是调查研究原则。调查研究是谋事之基、成事之道。对任何事情,不管情况多么复杂、矛盾多么尖锐、问题多么严重,都必须在调查研究、弄清情况后才能提出协调意见,做出处理决定。特别是对战略性问题、政策性问题的沟通协调,更应如此。在工作实践中,以下3种情况往往容易产生问题,偏离调查研究这一原则。一是领导交办的协调任务时间紧、任务重、要求高;二是问题较严重,发展变化快,不立即协调处理容易激化矛盾;三是沟通协调的问题涉及单位权威或利益。遵循调查研究原则,要求在沟通协调工作中,敢于和善于从实际出发,一切按客观实际情况办事。特别是对领导交办的事项,要处理好贯彻领导意图与按客观实际办事的关系,努力寻求二者的结合点。

二是平等协商原则。重视人、尊重人、保护人,以平等协商的态度沟通协调,就要坚持以人为本的原则。从微观层面看,要在人与物的关系上,坚持以满足人的需要为根本,做到尊重人、理解人、关心人、爱护人、善待人。建立平等的人际关系模式,即使是上下级关系的协调,也是平等、同志式的关系。当前,有些人不能很好地遵循这一原则,有的妄自尊大、自以为是,以救世主、教师爷的身份去协调问题;有的方法简单粗暴,强迫命令,搞一言堂;有的不分层次,不注意发挥下级组织和领导的作用,一意孤行,以至于协调工作一开始就陷入僵局。因此,在沟通协调过程中,一定要待之以诚,平等商量,虚心听取各方面意见,以解决问题为出发点和落脚点;对被协调的双方,要平等对待,不能厚此薄彼。

三是利益兼顾原则。在计划经济条件下,人们往往会片面强调整体性,片面强调放弃甚至牺牲个人利益、家庭利益和团队利益,服务和服从整体利益和全局利益,这种做法在取得一定社会效益的同时,也使个人的积极性、创造性受到一定程度的压抑。在市场经济条件下，要求人们在沟通协调工作中，切实把握利益兼顾原则，既要强调国家的、整体的利益，又要注意照顾集体、个人和家庭的合法利益，尽可能寻求各方面利益的最佳兼顾点与结合点。否则，不仅不能解决旧的矛盾，消除旧的纷争，而且有可能诱发新的矛盾，引起更大的纷争，产生新的社会问题。

四是求同存异原则。求同存异就是在不同的沟通协调对象中，寻求共同点或趋同点，在允许各方保留不同点和差异性的前提下，统一各方意见，达成共识，统一行动方式。求同存异关键是求同，要找准各方都认可且又事关全局的共同点，促使各方统一思想、达成共识。求同存异，前提是目标一致，即在沟通协调工作中，让对方清楚协调的目标、依据及意义等，让各方在目标上统一思想。目标一致反映了沟通协调的实质，是协调行为的客观基础。

五是积极疏导原则。工作中发生的各种矛盾和纷争，是在根本利益一致的前提下出现的矛盾和纷争。事业单位工作人员一定要坚持积极疏导教育的原则，运用启发、忠告、说理的办法来说服被协调者，努力争取在和谐的气氛下统一思想，达成共识，要慎用法律手段、行政手段和经济手段。特别是在处理沟通协调突发性矛盾和问题时，更要注意把握疏导原则，运用思想政治教育方法，避免激化矛盾；或引导双方各自退让一步，然后创造条件，逐步解决问题。如果不能很好地把握和运用这一原则，滥用法律、经济或行政手段，或随意采取正面交锋、强加于人的做法，往往适得其反，欲速则不达，甚至造成很坏的后果。

第三节　沟通协调的方法

讲究沟通协调的艺术与方法，对净化事业单位的工作环境，使事业单位工作人员从纷繁复杂的行政事务中解脱出来，集中精力抓大事；对统一各方面的认识、意志和行动，发挥整体功能，确保管理目标的实现，具有十分重要的意义。

事业单位沟通协调的前提是什么？

增强沟通协调的主动性。历史和现实告诉我们，如果不善于与干部职工群众打交道、做沟通，从宏观方面说，我们党的执政理念就难以被干部职工群众了解，执政方略就难以被社会各界接受，党和政府倡导的价值观也就难以成为社会的导向和指引。从微观方面说，本单位、本部门的领导意图、工作规划、愿景目标、政策措施和工作办法也就难以被干部职工群众理解和接受，其结果必然造成工作的被动和无序。完成本部门、本单位工作目标和任务是一个不断化解矛盾的过程，如果事业单位工作人员不善于沟通协调，不善于做解释和说服群众的工作，就难以最大限度地增加和谐因素及减少不和谐因素，也难以推动工作顺利开展。

事业单位沟通协调的原则有哪些？

提高事业单位工作人员的沟通协调能力，要把握沟通协调的原则性，善于发现规律，把握基本方针。

第一，要讲大局。要树立大局观，从总体上把握问题的实质，使沟通协调工作反映时代性、体现规律性、赋予创造性。在工作要求上，沟通协调最忌讳就事论事，目光短浅，在工作中疲于被动应付。没有大局观就无从掌握沟通协调的目标和方向，也就不能很好地把握沟通协调的原则和目的。由于不能高站位审视问题，必然在沟通协调中指挥失措、手忙脚乱，头痛医头、脚痛医脚。只有吃透政策的精神实质和领导意图，从整体上把握所要解决问题的实质和意义，才能以较高的理论修养和丰富的工作经验，协调处理好各类问题。

第二，要讲党性。沟通协调不是和稀泥，做老好人，办老好事。在大量对下协调工作中，需要保持一定的威严。尤其在双方矛盾纠缠不清时，这种"威"就是斩断乱麻的快刀。当然，此"威"绝不是打官腔、耍态度，也不是以上压下，武断行事，而是在原则问题上的坚定不移和态度鲜明。各执一词，争论不休，必须靠讲原则来弄清是非，讲党性求得一致共识。在威严的背后，如果不坚持党性，就不足以让大家心服口服。威严来自公正和美德，来自坚强的党性和原则性，在紧急情况下，威严是提高沟通协调效率的一个重要因素，也是解决问题的关键。

第三，要讲情理。沟通协调是一门艺术。为了使各方利益达到均衡，使各种力量凝聚在一起，需要做大量耐心细致的思想工作。理顺情绪才能充分调动积极性，达成共识才能克服层层阻力。一项重大决策的贯彻落实，除开会发文件外，大量疏通、促进、引导、解释工作是事业单位工作人员的应尽之责。沟通协调说到底是做思想政治工作，最忌假、大、空、高。要真正让沟通对象心悦诚服，必须讲真理、说实话、动真情，给基层干部群众把道理讲清，把话说到群众心坎上，这不是口才问题，而是感情和思想作风问题。

第四，要讲公正。沟通协调必须秉持公正，不徇私情。矛盾的产生往往是因为认识上的分歧或利益分配上的不均衡，所以沟通关系、协调矛盾、平衡左右也必须从此入手。《淮南子》记载，"衡之于左右，无私轻重，故可以为平；绳之于内外，无私曲直，故可以为正"。在沟通协调中，如果有所偏私、有所亲疏，必然使矛盾越搞越复杂，工作也越来越被动。不偏不倚，最重要的是出于公心，坚持公正的标准，做到既合乎法律和政策，又有利于大局。当然，讲"公正"并不意味着搞绝对的平均主义，它是在正确把握政策前提下的合理调节，是为了推进工作对各方面情况的统筹兼顾，是局部服从大局、个体服从整体原则下的利益调节。

第五，要讲效果。沟通协调是为了解决问题，推进工作，但问题的解决必须讲求效率。有些棘手的问题由来已久，盘根错节，一时难以协调解决；有些争议较大的问题，公说公有理，婆说婆有理，各执一词，纠缠不休。在这种情况下，事业单位工作人员要做深入细致的调查研究工作，要对纷繁复杂的矛盾进行深刻分析和独立思考，要有快刀斩乱麻的魄力和胆识。沟通协调能力的高低，最终要看问题解决得利索不利索、彻底不彻底。对于久拖未决的老大难问题，必须用新思路和新办法，在最短的时间内妥善解决。只有不断总结经验，锐意创新，才能提高服务群众的能力。

事业单位沟通协调的艺术性体现在哪些方面？

沟通协调贯穿事业单位工作的全过程，沟通协调能否取得预期效果，取决于是否遵循沟通协调的基本原则及是否采用科学的协调方法和沟通艺术。

根据事业单位工作实际，在沟通协调中要重点把握以下几个方面：

一是平衡艺术。要以维护公平为原则，以调节本部门、本单位运转过程中出现的不平衡、不协调现象为重点，处理好和谐与活力、动力与平衡、眼前与长远、局部与全局、公平与效率及原则性与灵活性的关系，既要着眼于促进社会和谐、机关和谐，使各单位、各部门和谐相处，形成工作合力，又要着眼于激发事业单位工作人员的干劲和活力，营造团结紧张、严肃活泼的工作氛围。

二是权变艺术。坚持做到将心比心、换位思考，特别是涉及政策调整、机构改革、职位变化、编制精简，以及制度办法出台等一系列事项，要善于从全局出发，从维护职工利益出发，设身处地为干部职工着想，把领导的决策意图与职工的利益诉求结合起来，把全局工作部署与部门计划安排结合起来，做到稳中求进，循序渐进。

三是适度艺术。"适度"就是在协调和处理各种单位矛盾、社会矛盾和人际矛盾中，把握好冷与热、快与慢、动与静、争与让、刚与柔、收与放、过与不及等一系列问题，按照一分为二的方法，做到辩证思考、综合观察、理性分析和从容处置，使问题的解决恰到好处。

四是倾听艺术。倾听在沟通协调中具有不可忽视的作用，可以增进谈话双方的友谊和信任，减少决策失误。在现代公共管理中，倾听已经成为有效沟通、搞好人际关系的重要手段。通过倾听，可以从对方的谈话中获得大量信息、学会他人的语言表达艺术、赢得他人对自己的友谊和信任、发现与对方交流的融合点等。根据临床心理学研究，在倾听过程中，只有态度上保持诚心、虚心、耐心，技术上做到静心、专心、留心，才能取得较好的沟通效果。

五是语言艺术。语言艺术是语言表达能力在方法上的体现。具备良好的语言艺术，对表达自己的观点、思想和情感，增强沟通效果具有积极意义。通过语言可以把自己的思想、观点和情感传递给对方，使双方心领神会，从而达到沟通目的。根据不同场合、不同听众，语言艺术可以表现为会谈、讨论、访谈、演讲等方式，具有传递面积大、速度快、反馈及时等优点。在沟通协调中，无论采用哪种讲话方式，都必须发挥适当的语言艺术，包括根据讲话的场合和听众选择适宜的话题，使用清晰明确、统一规范、通俗易懂的语言，控制语速、语气和语调，讲话时不失时机地配以合适的肢体语言，吸引听众的注意。

六是自信艺术。影响沟通协调不能正常开展的因素很多，主要有主观和客观两方面障碍。主观方面的障碍如下：性格、情绪、态度等的差别，使信息沟通受个人主观因素的制约；沟通协调双方的知识结构、经验水平差距过大，导致沟通障碍；对信息的漠视、对下级的不信任及对上级的畏惧，使沟通无法正常进行。客观方面的障碍包括信息渠道不畅、承载信息的载体出现故障、组织结构过于庞大等。

总之，只有不断提高理论素养和道德修养，认真收集沟通中涉及的信息，熟练掌握和运用信息渠道和信息载体，处理好上下级的关系，才能取得沟通协调的成效。

怎么提高沟通协调的实效性?

现阶段我国社会矛盾涉及多层次的社会关系、多样化的矛盾主体、多领域的利益冲突以及体制、机制、政策、法律、观念等多方面的因素。事业单位要处理解决的矛盾和纠纷,既有来自社会的,与管理相对人和服务对象产生的矛盾和纠纷;又有来自机关的,内部各部门及干部职工同事之间产生的矛盾和纠纷。这些矛盾和纠纷既有工作上的,又有生活上的,若要解决,不是一种手段、一个部门、一个人所能做到的。因此,要增强沟通协调的实效性,必须坚持系统思考、多种方法综合运用。既要善于运用思想教育的方法解决思想认识问题,又要善于运用道德规范的方法解决道德失范问题;既要善于运用经济的方法解决经济利益纠纷问题,又要善于运用民主协商的方法解决政治诉求和个性发展问题;既要善于运用法律的方法解决法律纠纷问题,又要善于运用公共政策的手段解决社会不公的问题,只有这样,才能确保沟通协调取得实效。

怎么强化沟通协调的均衡性?

沟通协调的均衡性是指在社会系统变化中,调节不同利益主体之间各种利益矛盾和冲突的平衡及动态的过程。创建均衡性沟通协调机制,能为持续、高效的沟通协调搭建平台,提供保障。社会和谐的关键是社会利益关系的和谐,建立沟通协调均衡性机制的重点是利益的均衡机制。利益均衡不是搞平均主义,而是寻找不同阶层、不同群体、不同行业利益的结合点和平衡点,从而使利益分配更合理和公正。

一是建立有效的政策导向机制。政策导向机制以公平公正为价值追求,以最大限度地满足部门和单位全体人员的合理合法利益诉求为目的,主要由目标导向机制、价值导向机制、制度导向机制等构成。建立公平的政策导向机制,要继续处理好改革力度、发展速度与人民群众获得程度的关系,在坚持实现好、维护好、发展好群众利益的同时,注重协调好不同利益群体的利益关系。

二是建立合理的利益表达机制。利益表达机制是在承认个体正当利益的基础上,允许其他成员通过正常渠道,有效表达自己的利益诉求。建立健全合法的利益表达机制,要畅通社情民意的反映渠道,完善公民、法人和组织对重大决策的参与机制等。

三是健全利益引导机制。既要引导干部职工群众以理性合法的形式表达自己的正当利益要求，引导他们在宪法和法律范围内，通过制度化、规范化、程序化的途径表达利益要求，又要通过加强正确利益观的宣传和教育，引导他们正确分析和看待当前社会利益分化现象，营造良好的工作氛围。

第四节　沟通协调的策略

事业单位沟通协调有策略，有方法，从对象和范围看，主要涉及以下4个方面。

怎么对内沟通协调？

事业单位对内沟通协调的要求是摆正位置，主动协调。事业单位工作人员在内部机构的管理和协调上充当特殊角色。就其职级而言，与本单位其他部门一样，但由于担负着协调全面工作的重任，客观上与领导直接接触，出头露面的机会较多，如果摆不正位置，就容易造成单位内部不和谐、不协调。为此，做好事业单位工作人员的沟通协调工作，既要有良好的业务素质，又要有良好的政治素养。想问题、办事情起点要高，要周到机密、果敢准确，该办的事情要及时办，该协调的工作要主动协调。在涉及各部门间的责、权、利问题上，一定要做到刚正不阿、实事求是。在沟通协调过程中，要尊重他人，虚心学习，多看别人的长处，不嫉贤妒能，勇于承认差距，激励自己不断进取。要与同事经常进行信息和情感交流，就工作问题开诚布公地交换意见，开展批评与自我批评，增进了解和友谊。要热情帮助同事，热情可以相互感染，有利于营造和谐气氛。当同事遇到困难时，诚恳地给予其精神上、物质上的帮助，为其排忧解难，通过真诚相处和无私帮助，同事间的人际关系就能得到有效改善。

怎么对外沟通协调？

对外，是指与本单位不存在隶属关系、领导和被领导关系的单位和个人。对外沟通协调对事业单位工作人员来说十分重要，沟通协调工作的好坏直接关系和影响整个单位的工作，因此不可小觑。在实践中，事业单位工作人员要超前预测，对日常性工作，如领导一时没有顾及，要及早提醒，并做好准备，掌握工作主动权；主动联络，争取支持。对工作中经常要协调和打交道的单位，平时要加强联系，建立感情基础。同时，还要勤动脑、多用心，把原则性和灵活性有机结合起来，工作既要大胆，又要严格把握好"度"，以寻求克服困难的最佳方法。

怎么对上沟通协调？

对上，主要指本级领导和上级领导或机关。事业单位对上协调要立足于主动请示和汇报，特别是主动汇报"素材"，让领导出题目、做文章、提要求；主动汇报"进度"，让领导心中有数，积极搞好协调；主动汇报"想法"，及时提出建议，当好领导的参谋。对上沟通协调既要坚持原则，又要讲究方法艺术，把原则性和灵活性结合起来。下级要做好以下几个方面的工作。一是要了解上级的特点，把握上级的工作方式和工作作风。在此基础上才能抓住上级的想法和意图，尽量与领导保持认识和行为上的一致，避免工作失误。二是做好本职工作，与领导保持正常联系，保质保量完成上级交办的各项任务；下级应经常主动向上级汇报工作，包括工作意图、进展情况、取得的成绩、遇到的困难和问题，使上级对自己有较全面的了解，从而得到上级的支持。三是正确对待与上级的意见分歧。上下级之间难免会出现分歧和矛盾，遇到上级批评不当、处理问题不公时，下级首先要保持冷静和克制，这是保持良好上下级关系、促进问题解决的必要手段和基础前提。

怎么对下沟通协调？

事业单位上下级之间由于职位不同，往往会产生心理隔阂。为维持与下级之间的人际关系，应尽可能与下级广泛而深入地接触，培养与下级的感情，通过与下级交流，使下级产生认同感、归属感，从而调动下级的积极性。一是严格要求自己，注意培养下级。上级一定要有用干部、带队伍的意识，用自己的工作带动下级，用自己的严格要求规范下级。如发现下级有缺点，要及时提醒、批评、指正。此外，还要考虑下级的培养和发展。要根据每个人的具体情况给予其继续教育、培训锻炼的机会，并采取各种措施让他们更快成长。二是尊重信任下级，大胆授权。尊重下级体现在两个方面，一方面要认真听取下级的见解，鼓励下级多提意见；另一方面遇事要经常同下级商量，不独断专行，主动征求下级的建议。合理授权是领导者处理与下级关系的重要准则之一。上级领导要放手让下级去干，凡是下级职权范围内、下级能干的事情，要让他们大胆尝试，以激发下级的被重视感和强烈的工作热情。三是批评教育，承担责任。由于下级经验不足，出现失误，领导既要及时指出，提出批评，又要为他们承担领导责任。要划清个人政治立场、个人品质方面的错误和工作失误、经验不足或一时疏忽而犯的错误等界线，并采取补救措施，使大家受到教育。总的要求是，全面掌握情况，多体谅和关心下级，把握工作重点，分清轻重缓急，善于抓住机遇，确保上下沟通一致和各项工作整体协调推进。

第七章
改革创新能力

改革创新能力是事业单位工作人员的基础能力，也是担当履职、服务党和国家中心工作、推动事业发展和人生进步的重要途径。从内容结构看，改革创新能力是一个庞大的系统工程，有其特殊的结构，涵盖如下内容：价值和态度，主要包括坚持和加强党的全面领导，坚持以人民为中心的工作理念、敢担责真创新的工作态度等；学习能力，主要包括培养终身学习及不断更新知识储备的意识和习惯，自觉主动学习创新理论、创新方法和技能等；创新思维能力，主要包括逻辑思维和形象思维、正向思维和逆向思维、求异思维和求同思维、单一思维和辩证思维等；发现问题的能力，主要包括好奇与责任、调研与分析、筛选与确认、评估与反馈等；创造性解决问题的能力，主要包括人手及人才问题、激励机制、突破限制的能力、利用互联网技术和信息化手段的能力、调动资源的能力等；创新评估能力，主要包括创新效果评估、问责能力等；创新环境建设能力，主要包括制度建设、容错机制、文化营造等。

第一节　改革创新是进步的灵魂

习近平总书记指出，变革创新是推动人类社会向前发展的根本动力。谁排斥变革，谁拒绝创新，谁就会落后于时代，谁就会被历史淘汰。唯改革者进，唯创新者强，唯改革创新者胜。在社会发展过程中，我们只有通过改革创新，才能让不适应社会发展的事物焕发出青春，从而推动社会发展和事业进步。

为什么改革创新是民族进步的灵魂？

改革创新是一个民族进步的灵魂，也是各项事业发展进步的活力源泉。没有改革创新，就没有各项工作的新进展新局面，也就没有各项事业的新境界新成效。社会发展史反复证明，人类进步的历史就是一部改革创新的历史，人类的一切文明成果都是改革创新思维的胜利成果，都是创新智慧的结晶。可以说，正是改革创新，改变了世界版图，改变了国家格局，改变了民族谱系，也改变了社会和人们的生活。

为什么改革创新是国家进步的源泉？

改革创新是推动国家进步的源泉，是国家兴旺发达的不竭动力。科技水平决定了一个国家的综合实力，人类历史上的每一次科技革命都导致全球政治、经济势力版图的重构。工业革命之前，农业经济占主导地位，世界经济中心无疑在东方，彼时的中国是世界最强盛的国家之一。但工业革命的到来，让以英国为首的西欧国家科技实力迅速提升，失去创新活力的"中央帝国"与经历变革的欧洲力量对比悄然发生转变，导致中国遭受近百年屈辱，发展进步停滞不前。当前，新一轮科技革命和产业变革孕育兴起，全球科技创新呈现出新的发展态势和特征，新技术替代旧技术、智能型技术替代劳动密集型技术的趋势越来越明显。我国依靠要素成本优势驱动、大量投入资源和消耗环境的经济发展方式已经难以为继，如何充分发挥科技创新对我国经济社会发展的引领带动作用，如何构建新发展格局、推动高质量发展已经成为事关中国式现代化成败的重要课题。习近平总书记指出，综合国力竞争说到底是创新的竞争，要深入实施创新驱动发展战略，推动科技创新、产业创新、企业创新、市场创新、产品创新、业态创新、管理创新等，加快形成以创新为主要引领和支撑的经济体系和发展模式。

为什么改革创新是永葆事业生机与活力的动力？

改革创新是永葆事业生机与活力的动力源泉。习近平总书记指出，生活从不眷顾因循守旧、满足现状者，从不等待不思进取、坐享其成者，而是将更多的机遇留给善于和勇于创新的人们。工作要推进，事业要发展，需要事业单位工作人员锻造与时俱进的改革品质、敢为人先的创新锐气，要有勇为天下先的胆略，做前人未做过的事，创前人未开创的大业。于无路处辟新路，于绝境中寻坦途。事业单位工作人员必须把改革创新当成一种"习惯动作"，紧密结合经济社会发展和本行业、本单位工作实际，深入学习，改造思想，不断丰富自己的头脑，开阔自己的视野，创造性地开展工作，不断发展，全面进步。

第二节 注重观念改革创新

习近平总书记在党的二十大报告中指出，深入推进改革创新，坚定不移扩大开放，着力破解深层次体制机制障碍，不断彰显中国特色社会主义制度优势，不断增强社会主义现代化建设的动力和活力，把我国制度优势更好转化为国家治理效能。可以说，创新已经成为时代特征和发展的内在要求，也成为事业单位工作人员做好本职工作、推动事业发展的内在驱动力。观念改革创新是创新的前提和基础，也是一切创新活动的源头和基石。观念改革创新以思想活跃、不因循守旧、富于创造性和批判性，具有敢于标新立异、独树一帜的精神为主要特征。

事业单位工作人员观念上存在哪些问题？

总体上说，在社会主义现代化建设过程中，特别是在推进市场经济发展和实现第二个百年奋斗目标的历史进程中，事业单位工作人员为适应形势发展和工作需要，更新思想观念，打破陈规陋习，锐意进取，开拓创新，做了大量卓有成效的工作，为经济社会发展做出了积极贡献。但同时也要看到，当前某些事业单位工作人员沿袭旧思维、旧模式和旧观念，在实际工作中，办具体事务多，全局观念少；参与服务多，超前谋划少；被动完成领导交办的任务多，创造性开展工作少；按部就班地完成工作多，主动动脑筋、出主意少。这种"四多四少"的现象，归根结底还是缺乏改革创新意识和开拓进取精神。在当前经济社会不断发展、体制机制改革不断深入的大背景下，各级事业单位工作人员要想在工作领域上有新的拓宽，在综合服务质量上有新的提高，在全局事业发展上有新的贡献，必须在观念改革创新上做文章，在树立创新意识上下功夫，在推进改革发展上见成效。

事业单位工作人员观念上的改革创新要怎么做？

观念上的改革创新包括很多内容，但重点要树立以下5种意识。一是服务意识。服务是事业单位工作的一项重要职能。事业单位工作人员要牢固树立服务意识、公仆意识，发扬孺子牛精神，使自己的工作让领导满意，让群众满意，让各部门满意。二是主动意识。要实现各项工作的创新，就要有"不待扬鞭自奋蹄"的精神状态，在日常工作中，主动思考工作有哪些不足、哪些进步；有哪些需要改善，哪些可以继承；哪些可以突破，哪些需要承接。只有主动思考、主动行动，给自己做工作，而不是摆样子给领导看，才能把工作做好。三是超前意识。做工作要自觉挖掘创新潜力，主动提前了解和掌握各项工作的特点和动态，注重研究事物发展趋势和规律，力求做到见事早、动议速、行动快，抢占先机与条件。四是改革意识，敢于打破常规和习惯做法，不因循守旧，不夜郎自大，始终持有天变不足畏、祖宗不足法、人言不足恤的开放心态和前瞻思维，走在前、做表率。五是质量意识。事业单位工作无小事，对每一项工作都要有一丝不苟、认真负责的态度。要高标准、严要求地对待每一件事；高质量、高效率地完成每一项工作任务。

第三节　着力方式改革创新

着力方式改革创新，是树立创新意识、实现事业创新发展的具体体现。当前和今后一个时期，事业单位工作人员要努力实现从定式思维向创新思维转变、从事务管理方式向政务服务方式转变、从参与型工作方式向参谋型工作方式转变、从被动服务方式向主动服务方式转变。

怎么从定式思维向创新思维转变？

创新思维要求事业单位工作人员思想活跃、思路开阔，在实干之中勤于思考，在忙碌之余善于总结。长期以来，有些事业单位工作人员习惯按照领导意图办事，注重上下左右关系，日积月累，难免形成被动从属、谨小慎微的行为方式。这种思维方式具有两面性，一方面由于工作按部就班，不容易出差错；另一方面，又难以适应新形势、新任务的变化，工作中缺乏创意，不利于新问题的及时解决。因此，要把长期形成的思维习惯转换成开拓进取、积极创新的高层次追求。要在按照规范程序、保证完成各项工作任务的基础上，努力突破思维定式，积极开动脑筋，出主意、想办法、提建议，探索新思路，拓宽新领域，取得新突破。

怎么从事务管理方式向政务服务方式转变？

事务、政务、服务是机关工作的主要内容。有的事业单位工作人员往往沉湎于小事、杂事、琐事，服务层次难以提高。随着市场经济的不断发展和经济社会领域改革的不断推进，各种社会组织和法人将在更宽的领域和更深的层次参与市场竞争，事业单位的决策活动也就更加频繁。为此，要切实改变过去那种跟在领导后面转，满足于照方抓药、办具体事务的现象，主动把自己的工作定位在充分发挥工作职能、全方位服务于工作大局上，主动、创造性地开展各项工作。

怎么从参与型工作方式向参谋型工作方式转变?

熟知政策、深谙情况、工作接触面宽、了解的情况多、得到的信息广,这些都为事业单位人员工作的开展提供了很好的条件。但在实际工作过程中,有些事业单位工作人员"有参无谋"或"参多谋少",有的甚至"瞎参谋""乱干事"。所以,要真正提高工作水平,必须做到勤于观察、善于思考、精于分析、擅长综合、及时总结、高度提炼。要密切关注改革发展稳定的新形势、新任务、新动向,密切关注体制机制改革的新举措、新办法、新经验,敏锐把握新形势对本单位、本部门生存和发展的影响,从而在更高层次上提高工作的积极性、主动性和创造性。

怎么从被动服务方式向主动服务方式转变?

被动服务、按章办事是机关工作的传统特点。创新事业单位工作,要求改变过去那种时时等着领导安排,处处等着领导交代,整天跟在领导后面的消极工作状态和方式,要提高工作的主动性、预见性,充分调动主观能动性和创造性,主动为主责主业服务。具体而言,就是要在实际工作中,想群众之所想,急群众之所急,谋群众之所需,办群众之所盼。特别要注意在工作中换位思考,时刻站在群众的立场和角度来观察问题、分析问题和思考问题。对问题要做到了然于胸,对方案要做到胸有成竹,使自己的工作具有超前性和预见性,提出的方案有针对性和准确性,这样才能变被动服务为主动服务,充分发挥好职能作用[①]。

第四节 务求改革创新实效

增强改革创新意识,提高改革创新能力,以创新思想谋划工作,以创新精神推动工作,以创优态度做好工作,必须以改革创新的实效来检验工作的成果,为此,要力争做到以下4点。

---

① 李迪辉. 对高校办公室工作创新的几点思考 [J]. 桂林航天工业高等专科学校学报,2008(3).

工作观念上怎么创新？

观念创新是各项工作创新的先导。如果固守原有的思想观念和思维方式，往往会使事业单位工作原地踏步，甚至进入周而复始的"死循环"。因此，事业单位工作创新的当务之急是观念创新、思想创新，要敢于并善于摒弃旧体制下那些条条框框，努力克服夜郎自大的封闭型思维方式和但保平安、唯求平稳的守旧思维，树立适应形势发展的市场观念、竞争观念、效率观念和效益观念等。

工作机制上怎么见效？

总体要求是进一步改进工作方法，进一步理顺内部管理体制，健全机制、规范程序、创新方法，充分发挥主观能动性，增强工作的主动性和预见性，不断提高服务水平。具体而言，要在完善和创新运行机制、约束机制和激励机制上狠下功夫。首先，要大胆变革不适应形势发展、不能有效配置资源的规章制度，对现有的各项制度，要本着是否有利于工作改革创新的原则，及时进行废、改、立，推动事业单位工作规范化、标准化和制度化，确保重大决策的科学性、准确性和有效性。其次，要完善目标责任管理机制，对事业单位工作进行科学分类、定量分解，量化指标、绩效管理，使各项工作都有明确的工作要求。同时，严格考评，以评促建，保证各项工作目标明确、责任到位、取得实效。最后，要敢于突破陈规，严格考评激励机制，把自我评定、上级评定与群众评估相结合，把考评结果与评优、晋升、人员聘用及绩效奖励挂钩，以充分调动事业单位工作人员的积极性、主动性和创造性，营造你追我赶、追求一流的良好氛围。

工作方法上怎么创新？

创新工作方法是提高事业单位工作质量和效率的重要手段。事业单位工作人员要应对繁重复杂的业务工作，就要善于总结新经验、探索新规律、创造新方法，使各项工作充满生机和活力。要善于拓宽服务领域，比如，综合文字工作既要深刻领会领导意图，又要超前研究思考，提出自己的真知灼见；公文处理工作要从侧重收文发文，转变为多提参谋性办理意见；办会工作要从侧重于现场服务，转变为会前谋划、会中服务、会后抓落实；信息调研要从提供一般动态情况，转变为多提供有分析、有建议、有重要参考价值的调研信息；督促检查要从注重催促查办和落实情况反馈，转变为重点发现和解决疑难问题；创新协调工作既要始终坚持实事求是、平等协商的原则性，又要在不失原则、不超越权限的前提下，充分发挥主观能动性，根据实际情况，求同存异，灵活运用行政手段，疏导说服、适时控制、折中调和等方法，力求取得最佳协调效果。

团队协作上怎么创新？

团队协作的目的在于追求最佳整体效益。打造高效型团队要求事业单位工作人员树立大局观念和全局意识，讲团结、讲效率，互相支持、互相帮助、相互谅解。用忠于职守、严守秘密、廉洁奉公的职业道德和勇于实践、锐意创新的时代精神积极工作、努力奉献。建立竞争型团队是事业单位打造高效型团队的重要方法，事业单位工作人员不仅要在本部门内部开展良性的工作竞争，而且要积极参与部门之间的竞争和兄弟单位之间的竞争，有竞争才更具活力，有竞争才能不断提高工作效率。

第八章
应急处突能力

> 应急处突能力是习近平总书记提出的,针对干部,特别是年轻干部需要提高的7种能力之一。应急处突能力就是正确应对突发事件、维护国家安全和社会稳定的能力。具体而言,就是通过对突发事件的正确应对,不断发现工作中存在的不足和缺陷,弥补短板和弱项,进而提升公共治理水平的能力。

第一节 突发事件概述

正确了解突发事件的发生发展规律及判定标准,有助于提高应急处突能力,防止意外事件发生,保护人民群众生命和财产安全。

什么是突发事件?

根据《中华人民共和国突发事件应对法》(以下简称《突发事件应对法》)规定,突发事件是指突然发生,造成或者可能造成严重社会危害,需要采取应急处置措施予以应对的自然灾害、事故灾难、公共卫生事件和社会安全事件。

按照社会危害程度、影响范围等因素,自然灾害、事故灾难、公共卫生事件分为特别重大、重大、较大和一般四级。法律、行政法规或者国务院另有规定的，从其规定。突发事件的分级标准由国务院或者国务院确定的部门制定。

突发事件有哪些危害？

突发事件的危害分为原生灾害和次生灾害。原生灾害发生后，如果处理不当，就可能引发次生灾害甚至有可能形成灾害链。

突发事件发生后，会对党和国家工作的各方面和全过程相关工作的安全秩序造成威胁和伤害，包括人民生命安全和财产安全、国家安全、公共安全、环境安全、发展安全或社会秩序等核心利益的伤害；也包括对特定区域或者特定领域工作的伤害和威胁，如粮食、能源、信息安全、重要产业链和供应链的安全等。

比如，2020年开始在全世界流行的新冠肺炎病毒疫情，除给全世界造成重大生命危机和损失外，还对世界经济和政治格局造成了深远影响，对人们的生活和生命也造成了极大的影响。总体上看，疫情对世界造成的影响很大，其冲击的领域主要有经济、政治、个人安全等。

2023年5月，世界卫生组织宣布，三年多的疫情，全球死于新冠肺炎疫情的人数约为2000万人，这是一个惊人的数字。此外，疫情还产生了诸多次生灾害。包括：

——经济衰退。全球经济受到了很大影响，增长停滞。根据2020年经济合作与发展组织（OECD）的报告，由于新冠肺炎疫情的影响，世界经济会以2009年以来的最低增速增长。美国2020年一季度GDP收缩4.8%，终结了历史上持续时间最长的经济扩张期。

2022年，在全球通胀高企、金融环境可能收紧及俄乌冲突背景下，国际货币基金组织和世界银行在5月下调了对全球经济增长的预期。其中，国际货币基金组织将2022年和2023年全球增长预期从4.4%和3.8%均下调至3.6%，世界银行将2023年的全球经济增长预期从4.1%下调至3.2%。从目前看，全球经济衰退不可避免，这次疫情全球大流行不仅是全球公共卫生危机，而且是严峻的就业危机和经济危机。在美国，2021年申请失业的人数创下历史新高，标志着世界上最大经济体之一的十年扩张已经结束。

新冠肺炎疫情期间，我国国内消费、投资、出口明显下滑，就业压力同样显著加大，企业特别是中小微企业困难凸显，金融等领域风险加剧，财政收支矛盾突出。

——全球市场动荡。新冠肺炎疫情暴发以来，富时、道琼斯工业平均指数和日经指数均出现大幅下跌。2020年3月18日，美国股市再度暴跌，触发当月第4次、史上第5次熔断，道琼斯指数自2017年以来首次跌破2万点。欧洲和新兴市场股市也经历多次熔断，英国、德国、法国等国股票指数累计下跌一度超过40%。

——全球产业链供应链突发中断。据不完全统计，《财富》杂志1 000强企业中94%经历了供应链中断。每个国家都是全球产业链的一环，全球供应链是一副多米诺骨牌，任何一块倒掉都会牵一发而动全身。

——各国庞大财政货币刺激政策的隐患有可能不断显现。通胀和通缩的问题及风险随时会出现，各国的金融政策也会对全球的经济产生深远影响，不是简单放水或某个政策就能解决，且其影响时间、产生的伤害完全不同。同时，政策实施的延展性不强。一方面，应对疫情采取的系列政策的目的是抗灾，该类政府支出往往没有生产性或经济性，倘若用力过猛，会削弱后期政府应对可能出现经济危机的能力；另一方面，政府庞大的财政支出会加重主权债务负担。

——加剧局部保护主义和逆全球化趋势。从政治和个人变化角度看，新冠肺炎疫情带来的三个方面的变化比较典型：一是社交距离，二是人们在权衡后放弃部分个人隐私，三是加速了逆全球化进程。独立自主、自力更生变成各个国家做事的基本逻辑，相互依赖的全球化供应链有断裂的风险。

突发事件分为哪些类别？

根据《突发事件应对法》规定，突发事件分为四大类，即自然灾害、事故灾难、公共卫生事件和社会安全事件。

自然灾害是指给人类生存带来危害或损害人类生活环境的自然现象。我国是世界上自然灾害种类最多的国家，有关部门将自然灾害分为八大类，包括气象灾害、海洋灾害、洪水灾害、地质灾害、地震灾害、农作物生物灾害、森林生物灾害和森林火灾。

事故灾难是在人们生产、生活过程中发生，直接由人的生产、生活活动引发，违反人们意志，迫使活动暂时或永久停止，并且造成大量人员伤亡、经济损失或环境污染的意外事件。事故灾难主要包括工矿商贸等企业的各类安全事故、交通运输事故、公共设施和设备事故、环境污染和生态破坏事件等。

公共卫生事件指突然发生，对社会公众健康造成或可能造成严重损害的重大传染病疫情、群体性不明原因疾病、重大食物和职业中毒及其他严重影响公众健康的事件。公共卫生事件主要包括传染病疫情、群体性不明原因疾病、食品安全和职业危害、动物疫情，以及其他严重影响公众健康和生命安全的事件。

社会安全事件是公共危机之一，指可能会造成重大人员伤亡、重大财产损失和对部分地区的经济社会稳定、政治安定构成重大威胁，并有重大社会影响的社会事件。社会安全事件一般包括重大刑事案件、重特大火灾事件、恐怖袭击事件、涉外突发事件、金融安全事件、规模较大的群体性事件、民族宗教突发群体事件、学校安全事件及其他对社会影响严重的突发性社会安全事件。

突发事件与国家安全有什么关系？

党的二十大提出，国家安全是民族复兴的根基，社会稳定是国家强盛的前提。把突发事件的应急管理纳入了国家安全领域，把社会稳定和国家安全相提并论。

突发事件的处置大多数涉及内部问题，或者说是对内部矛盾的处置。处置不好会引发人民群众对党和国家治理能力和治理水平的质疑，会在一定区域或者一定行业产生社会不稳定因素。近年来，随着各种风险累积叠加，各种挑战，甚至重大隐患长期存在，一旦处置不好，就可能引发后续的次生灾害，次生灾害又不断演进，影响面不断扩大，最终导致难以收拾的局面，从而影响国家安全和社会稳定大局。

习近平总书记在十九届中央政治局第十九次集体学习时深刻指出，应急管理是国家治理体系和治理能力的重要组成部分，承担防范化解重大安全风险、及时应对处置各类灾害事故的重要职责，担负保护人民群众生命和财产安全及维护社会稳定的重要使命。

第二节　应急管理工作内容

应急管理工作是一项复杂且要求很高的工作，需要在信息不对等、不全面的情况下作出决策，需要在资源不充裕的情况下处置多个困难救援，需要在努力救援人民生命财产的同时，处理各种误读误解的舆情。各种风险交织叠加，压力来自四面八方，是应急管理工作的常态。

应急管理的工作流程有哪些？

根据突发事件发生、发展的自身规律，突发事件应急管理工作流程分为预防与应急准备、监测与预警、应急处置与救援、救援事后恢复与重建四个环节。在通俗说法中，可将突发事件应对分为事前准备、事中处置、事后恢复三个阶段，其中预防与应急准备属于事前准备环节，监测与预警、应急处置与救援属于事中处置环节，救援事后恢复与重建归入事后恢复环节。

应急管理的工作内容包括什么？

应急管理是一项非常复杂、需要相关单位和人员通力协作完成的工作，任何一个单位或环节处理不好，就可能造成不可挽回的损失，或者导致严重的次生灾害。从宏观角度看，应急管理的工作内容主要有以下几个方面。

一是预防与应急准备。预防与应急准备是根据底线思维要求，分析可能发生的风险场景，以及该场景一旦发生会造成的危害及其程度，并提出为减少危害必须建立的准备系统，包括思想准备、组织准备、人力准备、物资准备、技术准备等。

二是监测与预警。监测与预警是对风险发生的一种感知能力。无论哪种突发事件在发生前都会有一些征兆，对这些风险征兆进行监测，就可以在突发事件发生前，或者发生早期及时做出处置，并要求做到早发现、早处置，以取得防灾、减灾效果。

三是应急处置与救援。应急处置是在突发事件发生过程中，为减少灾害造成的损失，以及防止次生灾害发生而进行的一系列救灾行为，包括成立应急指挥部、调度资源对各种突发状况进行及时救援、处置或预防，如转移安置、防疫减灾、医疗救治、稳定市场、舆情处置、交通畅通、通信保障等具体工作，目的是确保突发事件得到及时处理，确保人民群众生命和财产安全，确保国家安全和社会稳定。

四是救援事后恢复与重建。很多突发事件会对社会和环境造成损毁，在突发事件应急响应结束后，按照防止次生灾害发生和尽快恢复生活及生产秩序的原则，需要做好一系列工作，如卫生防疫、恢复重建、清理污染、安排应急物资补充、修订应急预案等。

应急管理的工作目标是什么？

应急管理的工作目标包括宏观和微观两个层面。从宏观方面看，应急管理工作对外以确保国家安全为目标,对内以确保社会稳定为目标。从微观方面看,每一次突发事件,由于情况不同,环境、地理条件、救援队伍情况、受灾人员情况及灾情造成的影响等不同,应急管理的工作目标也不同,需要根据具体情况进行调整,一般需要符合 SMART 原则。S 代表具体(specific),即目标要表达为特定的工作指标,不能笼统。M 代表可度量(measurable),即目标必须是数量化或行为化,且验证这些目标的数据或信息是可以获得的,以便应急队伍在工作时对目标的理解一致。A 代表可实现(attainable),即需要根据实际情况确定目标,不能制定付出努力后仍无法实现的目标,但也不能太低,否则造成损失无法挽救。R 代表现实性(realistic),即目标是实实在在的,可以证明和观察。T 代表有时限(time bound),即注重完成目标的特定期限。

应急管理工作需要哪些单位参与?

根据突发事件严重程度和灾害种类的不同,参与应急响应的单位也有所不同。一般包括属地政府主要领导、当地应急管理部门、相关突发事件的专业主管部门(如地震、水利、气象、自然资源管理、公安、卫健等),以及消防部队、财政部门、民政部门、发展改革部门、宣传部门、市场监督管理部门等,如有必要,还可通过规定程序协调调动当地驻军予以支援。

根据突发事件的严重程度不同,应急响应的等级也不同,响应的主导政府部门可以是国务院、省级政府、市级政府及县级政府等。

第三节 应急处突能力构成

因为应急处置的工作内容多、场景复杂,所以所需能力也不一而足。

什么是应急处突能力?

应急处突能力有广义和狭义之分。广义的应急处突能力是指风险意识、结合实际风险复盘查找工作漏洞的能力等。狭义的应急处突能力指按照工作内容—工作要求—能力要求的逻辑思路，锻造和练就的有关本领，包括风险预警监测能力、突发状况下的决策能力、沟通协调能力、安全研判能力、复盘提升能力、勇气担当能力等。

什么是风险预警监测能力？

风险预警监测能力指根据研究对象特点，通过收集相关资料信息，监控风险因素的变动趋势，并评价各种风险状态偏离预警线的强弱程度，向决策层发出预警信号并提前采取预控对策的能力，这些能力构成风险预警监测系统。构建预警系统时，首先构建评价指标体系，对指标类别加以分析处理；其次依据预警模型，对评价指标体系进行综合评判；最后依据评判结果设置预警区间，采取相应对策。

应急处置工作中该如何决策？

应急决策指当突发事件发生时，决策者在时间紧急、资源有限和事件不确定性情况下，为尽可能减少人员伤亡、财产损失、环境破坏或社会影响，而确定采取应对方案和应急措施的过程。

应急决策是在应急响应过程中对突发事件的即时或短期应对，是参照应急计划，结合实时信息，制定应急决策，进而对应急资源进行协调配置，实现应急管理的目标。应急决策是突发事件应急管理的重要内容。

应急决策的制定是应急响应的首要条件，也是决定应急响应成败的关键。有效的应急决策能够减少人员伤亡和事件损失。因此，有效应对突发事件，应急决策是关键。决策者有时会遇到一些无序、突变性的问题，需要在短时间内进行有效处理，这时如果用通常的决策程序按部就班地进行决策，就会贻误时机，造成不可挽回的损失。应急决策要求在不失时机的前提下力求决策的科学性，而决策的科学性更多依靠决策者的知识、经验、智慧与魄力。应急决策还要求在作权宜处置时，尽可能做到与战略目标方向保持一致，既避免不顾战略的随意决策，又避免过分强调完美而贻误时机的呆板决策。

如何依法应急处突？

依法应急处突包括依法制定应急预案、依法做好应急准备工作、依法进行应急演练、依法调用应急资源和装备物资、依法组织应急救援力量、依法对应急响应中的各种情况进行决策、依法组织灾后重建、依法追究相关责任单位和责任人、依法进行相应惩罚等。

依法应急处突的基本依据是《突发事件应对法》，此外还包括各种突发事件应对的专项法律和地方人民政府根据本区域具体情况制定的相关规定等。下面具体介绍国家层面的有关法律法规。

一是自然灾害类，如《突发事件应对法》《中华人民共和国公益事业捐赠法》《中华人民共和国气象法》《中华人民共和国水法》《中华人民共和国防洪法》《中华人民共和国森林法》《森林防火条例》等。

二是事故灾害类，如《中华人民共和国安全生产法》《生产安全事故报告和调查处理条例》《国务院关于特大安全事故行政责任追究的规定》《危险化学品安全管理条例》《中华人民共和国消防法》《中华人民共和国劳动法》《劳动保障监察条例》《中华人民共和国建筑法》《中华人民共和国环境保护法》《中华人民共和国水污染防治法》《中华人民共和国大气污染防治》等。

三是公共卫生事件类，如《中华人民共和国传染病防治法》《突发公共卫生事件应急条例》《中华人民共和国动物防疫法》《中华人民共和国食品安全法》等。

四是社会安全事故类，如《中华人民共和国国家安全法》《中华人民共和国戒严法》《中华人民共和国兵役法》等。

怎样做好风险综合分析研判？

在应急处突过程中，随时随地进行风险综合分析研判是提高应急决策水平的重要支撑，也是应急决策的重要依据。因此，无论是在日常工作中，还是突发事件应急决策过程中，都要做好风险综合分析研判，为应对突发事件做好准备。

风险综合分析研判包括基本概况描述，研判依据、目的及主要危险因素的识别分析、风险研判范围、风险辨识研判、风险管控措施（包括各方面的管控措施）、风险研判结论。

风险综合分析研判结论中要明确表述风险等级、应对措施，以及整改具体标准；在突发事件已经发生的情况下做出的风险研判结论，还必须提出应急决策的具体建议，以供决策者参考。

应急处置中怎样沟通协调?

应急处置工作中的信息交流十分重要。由于应急时间紧、信息不畅或术语理解不一致,容易导致响应单位之间出现信息错位现象,这对需要统一指挥、相互配合的应急处置工作来说十分致命。因此,沟通协调能力也是应急处置能力的一项重要内容,但应急工作沟通有别于一般沟通,有其特殊要求。

首先,要建立信息沟通协调机制,包括应急处置各单位之间的联席会议机制,信息报送机制及相关规范要求。同时要建立应急处置联动机制、应急处置资源互通协调机制、生产保障机制、仓储调运机制、信息通报机制等。

其次,要制定信息沟通规范,包括基本术语统一规范,信息报送频次规范、报送程序规范、报送渠道规范、报送信息范围规范及信息沟通需要的专业通信设备规范等。

最后,要统一沟通协调的任务目标。应急处置工作必须建立统一的目标,在同一目标的前提下,才能让所有力量集中发力,形成合力,才能彼此互相理解和互相支援,共同应对突发事件造成的负面影响。

舆情处置该怎么做才好?

由于突发事件具有突发性和罕见性的特点,容易引起公众普遍关注,也容易引起猜测和质疑,进而损害单位、地区形象或影响社会稳定。因此,舆情处置能力是应急处置的一项重要能力。

舆情处置的原则是坚持统一领导、条块结合、属地管理、协作配合、讲求方法,并迅速掌握动态,及时准确反应,以保障公众安全,适度公开透明,尽力控制风险。

舆情处置的组织架构及职责分工如下:突发事件应急指挥部应设置新闻宣传组,负责协调处置突发事件的宣传工作并处理舆情危机,牵头组织收集、汇总舆情信息并进行研判、分析和评估,及时向领导、相关部门、上级机关通报舆情;加强与当地宣传部门和相关媒体的联系,分析舆情信息发展趋势,及时向领导小组提供处置建议;对舆情危机及是否有违法违纪行为,及时展开相关调查,在最短时间内做出初步结论,为舆情危机处置提供法律支持。

舆情危机的响应要求是要形成一套反应快速、运作有效的突发事件舆情应对机制。对网上重大敏感负面舆情事件应及时向宣传部门（网宣）和公安部门（网警）通报相关情况。发生重大突发事件时，应启动 24 小时网上舆情值班制度。

第四节　应急处突担当意识

在应急处突工作中，很多时候会出现资源不充足、条件不成熟、领导没下达指示等情况，但是人民的生命、国家的安全正受到伤害，一切事情不容等待。因此，要求一线应急处突人员勇于担当、敢于作为，以危难关头豁得出来的勇气担当负责、勇敢作为。

为什么应急处突需要担当意识？

担当意识就是敢啃硬骨头，遇事不绕着走，敢于放弃自己的私利。在应急处突工作中，很多事情不能按部就班地进行，需要加班加点，还需要突破原有机制、方法，创造性地开展工作，走前人没有走过的路，担当以前没有担当过的责任，因此，牢固树立担当意识就显得很重要。

坚持在应急救援、灾害救助、事故处置等急难险重任务中勇上一线，敢打硬仗是担当意识的体现；坚持依法应急、不自作主张也是担当意识的体现；遇到险情主动作为，为挽救人民生命挺身而出是担当；在领导缺位的情况下，敢于拍板、及时救援也是担当；破解难题、敢于创新是担当；危急时刻敢于提出不同意见也是担当。

哪些情况下需要担当？

应急处突工作中经常遇到从未遇到的情况，很多时候都需要担当意识和勇气。但是，担当要同盲目决策、鲁莽行动区别开来，特别要注意区分以下 3 种情况。

一是决策者担责任不担专业意见。决策者往往是领导不是专家，很多危机情况是初次遇到，而此时专家的专业性意见和判断也不一定百分之百正确，这时就需要决策者站出来承担责任，为保一方平安担当负责。

[案例参考]

例如，2008年5月12日汶川发生地震，成都部分地区受灾严重，当夜幕要降临时，几百万惊恐不安的成都市民仍然滞留在大街上。20点26分，时任成都市市长、市委副书记葛红林出现在电视上，为市民做出明确指示，除危房外，今晚市民都可以进室内正常休息。这正是市民千等万盼的！葛红林很清楚，这是当时最关键、最核心，也是责任最重大的言语。葛红林认为，这是一次承担了风险的艰难抉择，虽然地震专家研究认为当天晚上不会发生更高震级的余震，但是承担责任的必须是政府，不能让专家担责，他们也担不起这个责任。他袒露心迹，真要出了事，他是准备掉脑袋的。

二是建议者敢于做出大胆判断。突发事件来临时，诸多因素会对事件未来走向产生影响，事业单位工作人员是决策者的参谋助手，要及时给出明确意见，不能因为害怕担责而说模棱两可的话。

三是执行者敢于在紧急时候承担更多的责任。在正常情况下，一线执行人员必须按照上级指示执行操作任务，但在应急处突的特殊且特定环境下，很多情况来不及请示，在等待批示的过程中，事态就会发生难以挽回的负面变化，这时就需要执行者勇于承担责任，根据现场情况先行处理。同时必须及时将现场情况向上级汇报，并为此做好接受处罚的心理准备。

怎么做才是真担当？

真担当指要深入学习贯彻习近平新时代中国特色社会主义思想和党的二十大精神，在大安全、大应急的新战略背景下对标争先、主动谋划、勇于担责，具体可以概括为以下几个方面：

一是政治担当。坚持把政治标准和政治要求贯穿应急管理工作全过程，确保政治建设和业务工作融为一体、高度统一。把应急处突当作一项政治任务对待，拿出十二分的精神，以时时放心不下的态度对待应急管理工作，关键时刻不退、不躲、不甩锅，以人民至上、生命至上作为行为准则。

二是使命担当。要统筹把握好发展与安全的关系，有"等不得、慢不得、靠不得"的使命感和责任感，在处置突发事件过程中，不能一味强调分工，更不能推脱，一切以减少灾害损失为目标,主动补位,勇于承担责任。

三是能力担当。党的二十大报告提出,要把维护国家安全和社会稳定贯穿到党和国家工作的各方面和全过程。应急处突工作需要各方面共同努力,在提升全体应急干部业务素质和综合能力的同时,也要提升其他岗位干部的应急处突能力。为此,需要组织应急系统人员进行线上线下业务培训,落实干部轮岗交流工作机制,开展岗位应急演练和应急技能竞赛,从根本上提升每个人的应急处置能力。

四是廉政担当。坚持底线思维,紧紧抓住"查、防、控"三个环节,突出行政许可、事故调查、行政处罚等重点岗位、重点事项廉政风险防控,实现廉政风险防控闭环管理,做到廉政防控工作常态化,从根本上减少因腐败对应急管理工作造成的负面影响。

有哪些错误的"担当"行为?

错误的"担当"行为是行为上看似在担当,但实际上却于事无益,甚至造成不良影响的行为,主要表现在以下几个方面:

忽略科学规律——在突发事件处置过程中,有些应急救援现场的指挥者一味强调"勇敢"、强调"担当",却忽略了科学自身的规律,把救援人员当成"全能型"专家,认为只要敢冲上去,就能解决问题。

错误判断形势——有些应急救援现场的指挥者为了眼前的经济利益,不顾人民生命安全,在救援中做出错误的判断和决策。

[案例参考]

例如,2003年重庆开县1223特大井喷事故导致243人死亡,上千人住院,6万多人被迫紧急转移,主要原因就是现场救援指挥者的错误判断。造成事故的直接原因是违章作业,取掉回压阀致使井喷失控,大量有毒有害硫化氢气体外泄。在不能有效控制气体外泄的情况下,现场指挥员只考虑点火可能造成数百万元的经济损失,因而没有及时点火燃烧气体,导致硫化氢气体迅速扩散,造成重特大人员伤亡事故的发生。

此外,还有过分乐观自信、过度依赖专家、被舆情绑架决策、存有私心杂念等不同形式的"担当"行为。对这些行为,我们需要及时辨别,坚决纠正。

第九章
综合办事能力

> 习近平总书记指出，年轻干部要勇于直面问题，想干事、能干事、干成事，不断解决问题、破解难题。事业单位考核工作规定提出的事业单位工作人员基本能力要求，所涉及的依法办事能力、群众工作能力、沟通协调能力、贯彻执行能力等，都与综合办事息息相关。因此，要全面考核适应新时代要求的事业单位工作人员的基本能力，综合办事能力就是一项十分重要的内容。

第一节　综合办事的要义与过程

"综合办事"是一个古老的话题，始终与人类社会相伴。在现实生活中，每个人都是活动着的办事的个体。综合办事既是人类社会存在的一般形式，又是每个人生活的真实而具体的存在形态。社会越发展，综合办事活动的形式和内容也就越多样和具体。

什么是综合办事？

"办事"的概念经过了漫长的历史演变，在不同时代有不同的内涵。我国古代文献中，事和吏原为一个字。"事"的最初含义是指职务、公务、侍奉，如《商书·盘庚》中提到"各恭尔事"（"你们要履行好各自的职责"）。随着社会的发展，"事"才衍生出事情、事物、事业等多种含义①。人们的办事观念也是随着生产方式的发展变化而逐步形成和加深的。随着社会分工和活动形式的多样化、复杂化，人们需要处理的事务日益繁多，于是形成了明确的综合办事观念，并出现了专门的综合办事机构。所以，"综合办事"可以定义为，主体有目的地综合运用某些手段影响、改造或控制事物，以取得一定效果的活动。

"综合办事"是一种规定人的本质特征的活动，具有社会性、指向性、自觉性三个特点。社会性是指人的活动有自然和社会双重属性，但其本质规定在于社会属性，人所要办的一切事情都是在社会关系中进行的，受到社会关系的影响和制约；指向性是指人要办事就必然与客观事物发生相互作用，依靠某种工具或手段来改造和影响对象，使之产生能满足某种需要的产品或服务，指向明确具体；自觉性是指人办事都有目的，办事是主体自身主动发起的活动，是自觉自为的活动，不是简单的机械反应或者条件反射。

人要满足自己的需要，就要开展各种各样的综合办事活动。实际上，人的一生都在办事。"综合办事"是人们表现自身存在的根本方式，不仅是人的存在方式，而且是人的发展方式。人在办事活动中显示着自己的创造力，展现着自己的本质。人们办事，不只是为了满足生活需要，同时也满足其他层次的需要。但从根本上说，综合办事活动本身就是人类的"天性"或本质特征。法国哲学家伏尔泰说："人类为行动而生，正像火向上升，石往下掉那样。对人来说，绝对无所事事和不存在是同等的"。②

综合办事过程是办事主体、办事手段和办事对象联结为一个整体并发生作用的动态展开阶段，一般包括策划阶段、决策执行阶段、监督与评价阶段等环节。

综合办事策划阶段要注意什么？

凡是成功办事，或者说想办成事，要在思想上做出计划或安排，这就是办事的策划。没有策划或者计划，办事肯定不会成功，即使成功，也属于侥幸。办事策划是指，为了实现某一办事目标，运用科学的思维和方法设计制定决策方案和优选行

---

① 白益进，刘锦棠. 中华办事绝学［M］. 北京：中华工商联合出版社，2007：2.
② 白益进，刘锦棠. 中华办事绝学［M］. 北京：中华工商联合出版社，2007：7.

动计划的活动。一般来讲，办事策划包括以下四个步骤：

一是确定目标。目标是办事的方向，办事目标是否正确，是否具有现实的可操作性，是决定办事能否成功的先决条件。

二是拟定方案。这是对影响目标实现的各种制约条件加以分析和整理，用不同方式将其组合成不同的方案。办事的制约条件包括客观条件和主观条件、主要条件和次要条件、内部条件和环境条件、自然条件和人为条件、可控条件和意外条件等。可以从宏观与微观、理想和现实、长远和近期等不同角度，对这些条件进行系统化设计，最后选出可行的、实用的方案。办事方案的形式因事而异。一般的小事不一定采取书面方案的形式，也可以是头脑中几个可供选择的念头；重大复杂的事情一般采取书面方案的形式，具有严格的论证和优选过程。

三是论证方案。办事方案拟定以后，必须对之进行论证和评审，才能优中选优，使办事取得预期的效果。如方案存在漏洞，计划不周，就会导致办事失败的结果。

四是选择方案。由办事者对各种策划方案作出正确的评估和判断，从中优选出最佳方案。办事者一般遵循上中下取舍的原则，采取利害评估法，即正确处理效益、代价和风险三者的关系，以及实验模拟法，即通过心理模拟、物理模拟、数学模拟、社会试点等方式对方案优劣做出判断。

综合办事决策执行阶段要抓好哪些环节的工作？

行事比谋事更为重要。办事决策方案的实施或执行过程，就是人们常说的"行事"。重大事情决策的执行一般需要抓好以下环节的工作：

一是制定工作规划。办事者用详细的计划落实决策方案，做出具体的时间安排和行动步骤，其中最关键的是将决策目标进行层层分解，责任到班子，任务到个人。

二是完善组织机构。办事者建立精干高效的组织机构，按照权责一致和职能一致的原则，调集和配备办事人员，用责权利一致的原则和相应的奖惩策略选择办事负责人，配强配齐工作班子。

三是深入思想发动。办事者用目标鼓舞人心，用团队精神凝聚队伍，用工作策略激发斗志，提高团队办事的热情和积极性，形成团结奋斗的工作团队。

四是调集办事资源。办事者对办事所需的资金、器材、文书、档案等进行具体的配置与合理安排，确保人、财、物等资源的供应渠道，为办事打下坚实的物质基础。

五是抓好指挥协调。指挥是负责人采用口头指示和签发命令等形式对决策执行活动作出的调动行为；协调是命令发布前后对办事人员进行的引导和沟通，目的是汇聚众人的智慧和力量，围绕办事目标开展统一行动。指挥与协调的目的都是确保办事目标的实现。

综合办事监督与评价阶段要突出哪些环节？

对办事过程的控制和调节是通过所有信息的输出与反馈实现，涉及办事决策的执行情况，包括是接近预定目标还是偏离目标，是取得预期效果还是远离预期效果等。要解决这些问题，办事者必须将反馈回来的信息与原来的决策方案进行对比分析，及时修正偏差，并根据新情况，制定和执行新的指令，最后实现办事目标。在这个过程中，办事者重点要抓好以下几个环节的工作：

一是监督工作。这个环节分为现场监督和事后监督等类型。现场监督指在办事的初始阶段，比如，动员誓师的思想发动阶段，攻坚决战阶段，或者出现重大险情时，领导亲临现场，督促检查，鼓舞士气，指导工作等；事后监督就是效果督查，即只对结果督查，在办事过程中，领导或者组织从局外进行观察、调控，以办事的效果分析评判办事的过程，以办事效率和办事绩效论英雄。

二是检查工作。在办事过程中，办事者要运用情况简报、动态清样、信息反馈等形式控制和调节，使办事行为按照预定的方向和目标进行。检查形式有统计、审核、巡察、询问、约谈等，检查方式有专项检查和综合检查、自我检查和互相检查、抽样检查和普遍检查等。

三是控制工作。控制的作用在于采取有力措施纠正偏差，使系统运行恢复到正常状态，以保证办事目标的实现，取得预期效果。办事控制的主要原因是办事行为人和办事执行人，特别是办事中间人对办事目标、途径、方法的理解与把握不尽一致，办事行为人必须通过过程控制，使办事目标不偏离既定方向。办事控制的重点是方向、目标、力度、广度、范围、节奏等方面。

四是评价工作。这个环节是对方案和办事过程的分析与评估。在办事过程中，如发现原方案出现部分或全部失误，必须立即将其纠正、修改乃至推倒重来；如果评价是在办事活动结束后进行的，则是对办事效果进行审查和验收，目的是以后办理类似事项时，能够吸取教训，传承成功经验。

第二节 综合办事的程序与原则

综合办事程序是事业单位办事的根本法则。对于事业单位工作人员来说，讲究办事程序是工作的基本要求。

程序有哪些特点和作用？

程序是随着事物发展变化而安排办事的先后次序。熟悉程序，是学会办事的重要方面，有助于分清事情的主次先后和轻重缓急，做到办事有序化、科学化。程序化是衡量一个组织有序程度和办事水平的重要标准，是综合办事的最基础性工作。程序化可以通过制定格式和流程表，或加以文字说明等方式，把处理方案涉及的人员及责任、行进的路线和步骤等交代得一清二楚，便于办事人员遵守执行，又便于领导检查和控制办事过程。程序作为一种标准化规定，能减轻责任者的负担，使下属办事有章可循。领导则可以从大量日常的琐事和常规决策的负担中解脱出来，将主要精力用于战略性、非常规决策。程序化有利于减少办事过程中的随意性和主观失误，而且一旦有了既定标准，就能杜绝浪费，防止腐败行为发生，提高办事效率和质量。

怎么实现办事程序化？

一是围绕目标。办事要围绕总目标，抓住要领，抓住主要矛盾。制定程序时首先要围绕决策目标，权衡办事对决策目标的作用。二是抓住要害。在办事过程中，那些会危及全局的问题被列为要害问题或关键问题，制定程序必须围绕这些问题展开。三是精减程序。程序并非越多越好，过多的程序容易使人陷入繁文缛节，进而影响办事的进程。所以办事应该在保留和强化必要程序的前提下，尽量压缩、精减次要的程序。凡是综合办事，要衡量这件事能不能不办，能不能与其他事一起办？能不能用更简单的办法办，可办可不办的事要停办或缓办；互相交叉重复的事要合并起来办；必办的琐碎之事，要找简单的替代办法来办。这样制定程序时才能抓住关键点，理出头绪，做到忙而不乱。

综合办事要遵循哪些原则？

办事原则是对办事活动的实质及其规律性的表述。在办事活动中，人们对各种事情的本质联系和发展趋势加以概括，认识到哪些行为有益于办事，哪些行为不利于办事，并把这些认知用文字表述出来，就成为人们都应遵守的行动准则。综合办事原则主要有以下几个方面：

一是忠于决策。这是对综合办事最基本的要求。办事的成效首先取决于人的主观能力性和持之以恒的心态。一般认为，对办事的目标越是忠诚，信念越是坚定，成功的可能性也就越大，把事情办好的概率就更高。忠于决策，就是在办事过程中，做到无论在何种条件和环境下，目标始终如一，办事人不为任何困难和干扰所左右，能积极主动地调动内部和外部的一切资源，实现办事结果。

二是讲求实效。这是指用尽可能少的时间、精力和物耗取得更多更好的成果，也就是俗话所说的少花钱、多办事、办好事。有效性是效率、效果和效益的综合体现。办任何事都要把三者结合起来兼顾考虑，做到办实事，有的放矢，不放空炮；使实招，招招见血，紧凑敏捷，不搞虚套，不摆花架子；鼓实劲，不敷衍了事，不铺张浪费；做实功，目标具体，措施得力，效果明显。

三是灵活变通。客观事物总在不断发展变化，事情不可能一成不变。这就要求我们每办一件事，必须实事求是地分析办事环境和条件的变化，灵活运用各种方法去实现办事目标。也就是说，办事决策确定后，必须坚决执行，实现目标的决心不能随便动摇，这是大方向和大原则。但是实现目标的方法却要因人、因时、因地而异，可以不拘一格，灵活变通。

四是进取创新。在网络社会和自媒体时代，办任何事都要有敢为天下先的精神，即敢当出头鸟，敢于标新立异，敢于抢跑道而获取先发优势。在工作实践中，我们经常发现，有些事情难办，关键是思路不对头、方法不对路，要越过这道坎，必须靠进取精神和创新思路而标新立异。当然，创新也意味着冒风险，难免犯错。在综合办事过程中，一点风险也不敢冒本身就是最大的冒险，死守摊子只会使困难越来越多，地盘越来越小，事情也就永远办不好。

五是诚实守信。信用是维系办事双方关系的心理纽带，搭建了相互之间信任和支持的桥梁。当前，社会治理、统一大市场建设、商事制度改革、户籍制度改革等都在强调建立社会诚信体系,诚实守信是其核心。在综合办事过程中,对外关系的处理必须讲究诚信待人,以心换心,其目的在于降低办事成本,提高办事效率。办事主体之间如果不守信用,等于自毁形象,自毁前程,当然也就谈不上办好事情。

六是安全保密。办事活动往往充满着风险,包括各种天灾人祸、意外伤害和突发事件等,所以"安全第一"成为一切办事活动的首要原则。安全问题既包括人身安全、财产安全、政治安全,又包括情报安全、商业秘密、技术资料、管理机密及一切重大的办事战略意图,乃至个人隐私等,这些需要严格保密,防止失窃和泄密。

第三节 综合办事的素质与能力

对事业单位工作人员而言,综合办事所要求的素质与能力是多方面的。就办事素质来讲,涉及政治素质、文化素质、品德素质、心理素质等方面;就办事意识来讲,涉及依法行政意识、创新意识、危机公关意识、应急管理意识等方面;就办事能力而言,涉及沟通协调能力、综合分析能力、文字表达能力、应急管理能力、督办查办能力等方面。

综合办事需要什么样的能力?

在某种意义上讲,事业单位工作人员的基本能力是指其胜任工作、行使权力、履行职责的综合素质表现。事业单位工作人员要综合办事,必须具备相应的能力素质。如果职位能力要求与个人能力素质不相符合,那么很难想象他们能够把事办好,把工作完成好。在西方国家,有一些学者把领导者的能力素质标准划分为十二项内容,即忠于职守的能力、计划能力、决策能力、组织能力、控制能力、适应能力、口头表达能力、文字表达能力、把握整体目标的能力、创造能力、指挥能力、主动的精神。综合各方面的研究成果,我们认为,事业单位工作人员,特别是事业单位领导的能力素质主要由三方面构成:胜任领导的能力、胜任领导的个性及制约工作有效性的个人因素。胜任领导的能力,是指事业单位领导必须具备业务、人际关系和规划三种不同类型的能力。业务能力包括应用所在行业的专业知识或技能的能力;

人际关系能力指与人共事时理解他人、激励他人的能力；规划能力包括分析能力、逻辑思维能力、创造力、感受现实和发展趋势的能力。胜任领导的个性主要包括强烈的事业心、正直诚信的品行、成熟稳定的情绪、换位的思考方法、坚定的信念及出众的智商和情商等。制约工作有效性的个人因素主要包括成就需要、变革创新魄力、教育他人的能力、组织群体的能力、影响他人的能力等。在政治素养、道德素养等条件相同的情况下，事业单位领导综合办事能力素质的高低，直接影响其工作效率和工作业绩。能力素质较高的事业单位领导，一般具有较强的分析判断能力和决策能力，能根据现实情况，抓住主要矛盾，找到解决问题的思路和方法；还能够协调、疏通人际关系，充分调动人们的积极性和主观能动性。一般而言，优秀的事业单位领导要有坚强的意志力、准确的观察力、稳定的注意力、牢固的记忆力、丰富的想象力和完备的思维力、高超的统率能力。此外，他们还要具备办事高效、决策果断的能力，凝聚人心、团结协作的能力，认真细致、准确无误的工作态度以及坚持原则、实事求是的工作精神等。

综合办事需要什么样的心理素质？

从领导和行为科学的角度看，可以将心理素质划分为智力因素、情感因素、意志因素和个体因素四个方面。智力指观察力、记忆力、思维能力、想象能力等综合能力。这是考量事业单位工作人员能否完成指定任务的首要条件，也是事业单位工作成败的决定性因素。情感指一个人对自己的思想和行为，以及对周围事物的态度。情感品质对事业单位工作可以起促进作用，也可以起遏制作用。所以，事业单位工作人员只有具备崇高的道德感、理智的态度、高度的责任感，具备积极的心境、理智的激情，以及遇到紧急情况时泰然自若的态度，才能确保工作顺利开展。意志指个体自觉确定目标，支配行为去克服困难，并实现预定目标的心理过程。意志品质是实现工作目标的基础，决定事业单位工作的成败。个性是人稳定的心理特征。在心理学中，个性指一个人的精神面貌，即一个人的基本倾向和稳定的心理特征，主要包括气质、性格等。四个方面的心理素质告诉我们，要成为优秀的事业单位工作人员，必须具备理性的思维能力、稳定的情绪、高尚的情操、坚强的意志、敏锐的预测能力、机智的判断能力、广博的知识、丰富的经验、承担责任的主动性、全局观念等综合性心理素质。

事业单位工作人员综合办事，要培养良好的心态。未来学家托马斯·弗里德曼在《世界是平的》一书中指出,"21世纪的核心竞争力是态度与想象力"。良好的心态已经成为新世纪比黄金还要珍贵的稀缺资源,成为个人和群体决胜未来最重要的砝码。可以说,有什么样的心态,就有什么样的行为;有什么样的行为,就有什么样的人生。培养良好心态是事业成功的关键。事业单位工作人员要培养的心态主要有以下几个方面:

一是要有积极进取的心态。拿破仑·希尔的成功定律有十七条,其中第一条称为黄金定律,就是要有积极的心态,这种积极心态包括执着、挑战、热情、奉献、激情、愉快、爱心、自豪、渴望、信赖等。

二是要有健康阳光的心态。亚里士多德说过,生命的本质在于追求快乐,而使生命快乐的途径有两条:其一,发现使你快乐的时光,增加它。其二,发现使你不快乐的时光,减少它。事业单位工作人员要做到心态阳光,必须对自己有正确的判断,对单位有全面的认知,通过全面了解办公环境,反思自己的情绪,建立平衡的人生目标,调整好自己的心态。

三是要有创新求变的心态。人类的发展历史实际上是不断创新的历史,不同国度的竞争,实际上是创新能力和创新效果的竞争。一个民族、一个国家、一个单位,如果不断创新,且善于创新,就会迅速发展,日益强大;如果因循守旧,就会日渐衰弱,走向灭亡。为此,事业单位工作人员要有创新的意识和行为,在实际工作中,既要善于继承传统,又要善于超越传统。只有这样,才能提高工作的整体水平。

四是要有平和从容的心态。平和心态是和谐社会的基础和前提,是人们在生活中经过千锤百炼达到的一种至高境界和一种高深的修养。事业单位工作人员如果具有平和的心态,就能正确地看待事业和人生,就不会因为权力、地位、金钱的诱惑而放弃人生的道德准则。要做到心态平和,事业单位工作人员必须正确认识自己,全面分析他人,正确对待领导、同事和群众,将心比心,以心换心,共同营造良好的外部环境和人文氛围。

事业单位工作人员综合办事,要提高心理素养。心理素养突出表现为适应力、承受力、应变力、意志力、排解力、自信力、爆发力和愉悦感受力等多个方面的能力。事业单位工作人员心理素养的提高主要有以下几个方面:

一是要有多向度思维素养。多向度思维是由多思维指向、多思维起点、多逻辑规则、多评价标准、多思维结论组成的两条或者两条以上逻辑线索的思维模式。多向度思维是一种创造性思维,也是事业单位工作人员必须具备的心理素质。

二是执行性性格素养。事业单位工作人员既要有明确的目标指向，能够独立开展工作，善于解决棘手问题，又要坚决贯彻党中央、国务院的路线、方针、政策，遵守法律法规，听从领导的指挥和安排，接受群众的监督，始终在政治上与党中央保持一致，积极开展工作，出色完成各项任务。

三是良好的辅助决策素养。事业单位工作人员要根据领导的指示和意图，独立分析问题，科学地进行逻辑判断，对新事物新举措，要敏于观察，富有想象力，思路开阔，勤于调查预测，善于捕捉信息，及时提出解决问题的新设想、新思路和新方法，为领导决策发挥良好的辅助作用。

四是要有丰富的知识素养。事业单位工作人员的工作能力与其掌握的知识技能，是互相联系、互相制约的。实践证明，知识面越宽，思路也就越宽，视线也就越远，见解也就越深刻，对问题的分析也就越透彻，提出解决问题的方法也就越管用，工作能力和水平也就越高，工作效果也就越好。

综合办事需要什么样的分析能力？

综合分析能力是事业单位工作人员个人能力和政策水平的具体体现。综合分析能力的基本要求是对事物进行整体分析与综合，以求得到事物概貌，找寻该事物的内在机制和规律。其工作要求有两个方面：一是整体综合，二是整体分析。整体分析指不能孤立地认识事物的各个部分，而要在部分中看到整体，把每一部分都放在整个事物的内部联系之中分析，抽取出事物本质的普遍性和规律性；整体综合指在整体分析的基础上，将事物的各个部分有机地统一起来，将事物的差异性与本质的普遍性统一起来，达到事物多样性的统一。

综合分析能力包括三个层次：一是条理化的逻辑能力，二是综合性的概括能力，三是分析性的判断能力。

综合分析能力与政治素质、理论修养、业务素质等紧密相关，与事业单位工作人员的知识面及平时掌握的资料和信息量紧密相连。占有哪些资料的数量和类型，对事情了解的程度，决定了事业单位工作人员综合分析的广度和深度。在进行综合分析研究时，事业单位工作人员既要重视一般的材料，又要重视典型材料；既要重视一般的情况，又要重视情况背后的原因，还要善于运用辩证唯物主义和历史唯物主义的理论武器，开展社情、民情、行情的综合分析，力戒主观性和片面性。

事业单位工作人员要具备较强的综合分析能力,必须做到系统思维,即用系统的观点和方法分析和解决问题,包括用大看小的能力,用长看短的能力,正负兼顾的联系性思维能力,以及由内看外的层次性思维能力;要具备较强的综合分析能力,做到统筹兼顾,从宏观和总体上把握分析问题,抓住矛盾的主要方面,同时也不能忽视次要方面,把握好处理问题的"度";要具备较强的综合分析能力,做到独立思考,独立处理工作中的各种问题,注意倾听各种不同的意见。只有这样,才能真正把事情办好,推动本部门、本单位的工作高质量开展。

第十章
信息宣传能力

> 2018年，习近平总书记在全国思想政治工作会议上指出，新闻宣传工作的根本任务，就是要巩固马克思主义在意识形态领域的指导地位，巩固全党全国人民团结奋斗的共同思想基础，建设具有强大凝聚力和引领力的社会主义意识形态，建设具有强大生命力和创造力的社会主义精神文明，建设具有强大感召力和影响力的中华文化软实力。
>
> 做好新闻和信息宣传工作是我们党的优良传统。宣传起到了教育群众、凝聚群众的作用，宣传也是教育党员、团结党内同志的有力思想武器。因此，新时代事业单位工作人员需要做好信息宣传工作。

第一节 信息宣传工作概述

信息宣传工作是做好新时代宣传思想工作的重要内容，在举旗定向、澄清谬误、明辨是非、汇聚起实现中华民族伟大复兴"中国梦"的磅礴力量等方面，发挥着重要作用。做好新时代信息宣传工作，要在守正、贵在创新、重在实践，要坚持马克思主义新闻观，以导向为魂、内容为王、创新为要，改变传统的新闻宣传模式，创新新闻创作方法手段，做到"三贴近""接地气""下基层"，持续强信心、聚民心、筑同心。

新时代信息宣传工作的总要求是什么？

新时代信息宣传工作需要增强新闻舆论"四力"，即新闻舆论的传播力、引导力、影响力、公信力。在传播格局、舆论生态深刻改变的背景下，要提升舆论影响力，关键要发挥好主流媒体作用，让主流声音始终占据新闻舆论的制高点；要切实加强科学宣传引导，有效提升新闻舆论引导力；根据不同时期的工作重点，根据新闻价值和社会效果建构报道议题，精心策划重大主题报道、典型报道等；要精准把握群众需求，聚焦时事热点、社会问题和思想潮流，全方位、多角度地进行分析报道，在增强针对性中提升影响力；要敢于挖掘现象背后的事实真相，善于提炼理性深刻的思想火花，在增强阅读性中提升公信力。

新时代信息宣传工作要推动媒体融合发展。信息宣传工作必须创新理念、内容、方法、手段、业态、机制，增强针对性和实效性。信息宣传工作必须紧跟时代步伐，全方位加强传播力建设，拓展传播渠道、创新传播方式、提高传播能力，有效提升新闻宣传的传播效能。要提高融合能力，练就"十八般武艺"，坚持以融媒体建设为重点，深入推进平台、人员、管理和价值融合，重塑组织架构和生产流程，打造形式多样、手段先进、竞争力强的新型主流媒体。

新时代信息宣传工作还包含"精品意识"的创新。思想性是新闻精品的特质，没有思想，再好的表现形式都难以吸引读者，产生共鸣。在互联网时代，唯有精品才能占领主流舆论阵地。为此，要坚持以"匠心精神"打造有品质的新闻宣传作品，创新表达形式，以精品佳作讲好故事，不断凝聚思想共识。

新时代信息宣传工作面临什么形势？

新时代条件下，随着国际形势的不断变化，各种难以预料的风险不断加剧，信息宣传工作面临的形势也发生了变化，表现林林总总，但重点要关注以下几个方面。

一是美西方意识形态对我国造成冲击。长期以来，特别是当前，美西方国家把我国的发展壮大视为对其价值观和制度模式的挑战，加紧对我国进行思想文化渗透，散播"中国威胁论"、抹黑中国梦等舆论甚嚣尘上。美西方国家这些偏激错误的舆论传播，在我国产生了一些错误的思潮和论调，造成了不可小觑的影响。

二是部分共产党员信仰缺失或者政治动摇。有的以批判和讽刺马克思主义为时尚、为噱头；有的对党的政治纪律、宣传纪律置若罔闻；有的专门挑那些党已经明确规定的政治原则，毫无顾忌地妄加指责；有的精神空虚，认为共产主义是虚无缥缈的幻想，"不问苍生问鬼神"，热衷于算命、看相、求神拜佛；有的信念动摇，把配偶子女移民到国外，给自己留后路，随时准备跳船；有的心为物役，信奉金钱至上、名利至上、享乐至上，心中没有任何敬畏，行事毫无底线。

三是新媒体网络舆论的传播带来了挑战。在自媒体时代，信息传播夹杂着多种声音，并且速度快，成本低，往往先声夺人，引发舆论热议。特别是在智能手机普及的今天，人人都可以通过微信、微博、抖音等社交媒体发布并传播内容，导致信息源成倍地增加，信息流快如闪电，对党和政府宣传正面信息、保障意识形态的安全提出了严峻挑战。

新时代信息宣传工作有哪些内容？

一切伟大的实践都需要思想引领。根据事业单位的工作性质和要求，新时代信息宣传工作要重点做好以下工作：①

一是举旗帜。要高举马克思主义、中国特色社会主义旗帜，把好信息宣传使命关，坚持把学习习近平新时代中国特色社会主义思想与推动工作发展的实践宣传结合起来，找到新形式、新方法、新手段，做到入耳、入脑、入心，增强说服力和感召力。

二是聚民心。要把握正确舆论导向，把全党全国人民士气鼓舞起来，精神振奋起来，朝着党中央确定的宏伟目标团结一心向前进。要善于汇聚党心民意。坚持团结稳定鼓劲、正面宣传为主，提高新闻舆论的传播力、引导力、影响力、公信力。敢于善于开展意识形态领域的斗争，旗帜鲜明地批驳错误思潮和言论，及时回应社会关切的问题。要加强意识形态的阵地管理，做到守土有责、守土尽责。

三是育新人。要坚持立德树人、以文化人，坚持社会主义精神文明、培育和践行社会主义核心价值观，提高人民思想觉悟、道德水准、文明素养。同时，要更加关注青年一代的成长，通过弘扬新时代精神的主旋律，为青年一代注入砥砺奋进的精神动力；通过宣传倡导健康社会风气，为青年一代营造积极健康的社会氛围；通过加强理想信念教育，使青年一代筑牢精神之基。

四是兴文化。要坚持中国特色社会主义文化发展道路，推动中华优秀传统文化

---

① 把握根本遵循 肩负使命任务——三论深入学习贯彻习近平总书记在全国宣传思想工作会议上的重要讲话精神[N].光明日报，2018-08-29.

的创造性转化、创新性发展，继承革命文化，发展社会主义先进文化。通过信息宣传工作，不仅展现所在地方和单位的优秀文化，而且有助于推动文化创新和建设社会主义文化强国。

五是展形象。要推进国际传播能力建设，讲好中国故事，传播好中国声音。要服务和配合国家对外工作大局，主动对接国家总体外宣战略；要服务和支持地方及单位的发展战略，把握发展建设契机，助力国家构建全方位对外开放格局。

第二节　提高信息宣传工作能力

信息宣传需要过硬的本领。好的新闻作品必须紧扣时代脉搏，贴近群众，回应群众关切的问题。要达到好的新闻宣传标准，就要坚持贴近实际、贴近生活、贴近群众，作品构思要独特，策划思路要严谨，表现形式要新颖。

信息宣传工作能力的总要求是什么？

一是要有鲜明的政治立场和扎实的理论基础。要以正面宣传为主，牢牢把握正确方向。要牢记全心全意为人民服务的宗旨，把群众的需要当做宣传思想工作的出发点和落脚点。

二是要有丰富的理论知识储备和学识修养。加强业务知识积累，不断拓展工作局面。只有专业化的业务能力，才能保障信息宣传工作取得预想的效果。

三是坚持深入群众，深入一线，获得第一手资料。深入群众才能获得真实的信息，也才能了解群众的需要，急群众之所急，办群众之所盼。只有这样，才能让信息宣传工作深入人心，获得群众的认可和支持。

为什么信息宣传工作要提高文字能力？

信息宣传部门是重要的文字综合部门，对上汇报的工作多，撰写的文字材料也多，往往要能代表同级党委和政府的政策理论水平。

信息宣传工作的文字材料必须是精品。相关工作人员要树立精品意识，认真对待文字的起草工作,注重资料来源的权威性和准确性,以及词语选择的融洽性等多方面,对文字进行推敲打磨;要结合本单位、本行业、本地区的重点、难点,做好调研,挖掘出真正有价值的东西,提出有价值的建议和意见;这些文字材料还要做到层次分明,表述准确。

信息宣传工作的文字要注重"接地气",用词用典不能生僻少见,更不能晦涩难懂。毛泽东同志在《反对党八股》一文中谈到,如果我们没有学会说群众懂得的话,那么广大群众是不能领会我们的决议的。我们远不是随时都善于简单地、具体地、用群众所熟悉和懂得的形象来讲话。我们还没有能够抛弃背得烂熟的抽象的公式。事实上,你们只要瞧一瞧我们的传单、报纸、决议和提纲,就可以看到:这些东西常常是用这样的语言写成的,写得这样地艰深,甚至于我们党的干部都难于懂得,更用不着说普通工人了。因此,信息宣传的文字要鲜活,也要符合受众的阅读习惯。否则,再好的宣传材料也会变成毫无意义的一纸空文。

为什么做好信息宣传工作要加强学习?

对信息宣传干部自身而言,要把学习作为人生的第一需要,作为改造主观世界、提高综合素质的首要途径。学习要主动而不是被动,自觉而不是盲目。首先,要自觉加强党的理论、路线、方针的学习,加强对党的十八大以来党中央历次会议,特别是党的二十大精神的全面学习,在把握精髓、掌握要义上下功夫,在狠抓落实上求实效,增强理论素养和政治敏感性。其次,要加强对相关知识的学习,加快自身知识更新,尽可能地掌握新知识、新信息。要把握一定时期内宣传的主题、每年的宣传重点、各阶段宣传的重点等。最后,要善于从身边的人和事中学习,借鉴别人的长处,弥补自身的不足。对善于学习的人来说,别人的经验和教训都可以成为自己的宝贵财富。"他山之石,可以攻玉",这是一个朴素而实用的道理,也是提高自身能力的有效途径。

学习是获取知识、技能的主要途径,也是信息宣传干部应有的基础能力。它不仅是一个人已获学历的高低,而且是一种动态、伴随终生的习惯。善于学习不仅要从书本上学习,从固有的经验中学习,而且要从身边的人和事学习,从发展的形势和变化的环境中学习。在"干中学",在"学中干",有了这种能力,就能不断借鉴他人的长处,弥补自身的不足,不断充实自己,做好各项工作,完成自己的职责和使命。

为什么信息宣传工作要具备创新能力？

创新是一个民族进步的灵魂，是社会发展的基础和动力，也是信息宣传干部是否具有发展潜力，能否激发工作兴趣和斗志的重要标志。信息宣传工作和创新能力息息相关。创新表现在信息宣传工作的内容、形式、方法和机制等方方面面。

提高信息宣传工作的创新能力，应该从以下几个方面入手：

一是要注意总结前人成功的经验。利用前人的知识和智慧，在信息宣传工作中大胆创新十分重要，创新工作可因此少走弯路，避免很多麻烦。

二是注意发现前人失败的教训。通过失败的教训，既可以发现很多问题，又可以通过改变方法和途径，成功克服目前遇到的困难。

三是要学会借鉴和组合。可以借鉴别人的思路和方法，提高自己的创新能力，但不能剽窃别人的成果，要在借鉴的基础上，进行新的组合和整理，创造出具有自己特点的思路和方法。

四是要持之以恒，养成思考的习惯。很多创新是在不知不觉思考中出现的，单纯地为创新而创新，出现创新成果的可能性不大。只有从多方面考虑问题，才能找到灵感，从而创新信息宣传工作的方法。

对个人而言，要提高创新能力，还必须做到以下几点：首先要具有强烈的事业心和责任感。只有具有高度使命感的人，才会有强烈的创新意识，不断寻求新的突破，创造新的业绩。其次要用人类文明成果武装自己的头脑。创新创造是对前人知识的综合加工与运用。没有丰富的知识作为基础，就不可能产生联想，也不可能转换思维，更无法产生思维创新的成果。最后必须坚持思维的相对独立性，这是创造性思维的必备前提。提高创新思维能力必须在思维实践中不迷信前人，不盲从已有的经验，不依赖已有的成果，能独立发现问题和思考问题，找到解决问题的有效方法。

为什么信息宣传工作要具备组织能力？

信息宣传工作具有点多、线长、面广的特点。信息宣传工作业绩和成就的取得，要发挥各方面的主观能动性，增强各参与方的主动性和自觉性。因此，组织协调各方力量，凝聚群众智慧，形成宣传大格局，是信息宣传工作必备的能力之一。特别是在当下，信息宣传工作机构少、职能多、人手紧、任务重，更需要发扬互相支持、密切配合、团结协作的优良传统，大事讲原则，小事讲风格，互帮互让，相互搭台，团结一致向前进。在这个过程中，我们需要做更多围绕中心、服务大局的工作和多方面的统筹协调工作。如果工作机构和团队缺乏这种格局和能力，信息宣传工作就会举步维艰。

为什么信息宣传工作需要说服教育能力？

对做信息宣传的人来说，说服教育能力十分重要。经常性的说服工作是群众宣传的有机组成部分。在社会生活中，每个人对相同的人与事都会有自己的看法和意见。但谁的意见正确，正确的意见和看法是否能得到认可和支持？在行动前，往往并不清楚。只有事情有了结果后，才会得出正确的结论。在现实生活中，异口同声、意见完全统一的情况很少。在多数情况下，为统一步调和行动，就要做大量的说服工作。

从某种程度上说，行政领导工作就是统一思想和说服他人的工作。领导行使权力是一方面，但更重要的一方面，就是取得大家心悦诚服的支持，并愿意付诸行动。比如，公开投票表决的工作要求领导会做说服工作。只有说服大家，才能得到广泛认同，才会有一致的行动。没有耐心和说服教育能力的人不仅不可能说服别人，而且很可能说服不了自己。世界总是处于发展变化中，信息宣传工作也需要耗费时间，需要用科学的理论和正确的思想，进行耐心细致的说服引导，对人的思想产生影响，进而转化为广大干部群众的实际行动。

为什么做好信息宣传工作要加强调查研究？

调查研究是做好信息宣传思想工作的前提，是宣传干部的基本功，也是事业单位工作人员的谋事之基、成事之道。"没有调查就没有发言权"，不深入基层一线，不开展调查研究，不主动帮助基层和群众解决实际问题，也就没有决策权、宣传权。在新形势下，信息宣传工作面临许多新情况、新问题，需要深入实际，深入基层，深入群众，开展调查研究，全面掌握真实情况，并进行分析思考，探索规律，把握发展趋势，不断总结经验，找到解决问题的有效办法。只有具备这种能力，信息宣传工作才能把握时代发展脉搏，紧贴群众所思所想，才能透过纷杂的表象，把握其规律性、必然性。

做好新时代信息宣传工作，更好地宣传党的路线、方针、政策，要了解群众、深入群众，真心实意帮助群众解决就医、入学、就业等问题，才能做到影响群众，教育群众，增强群众对党的政策信任和路线认同。

第三节　舆情处置与危机应对

党的二十大报告指出，要完善社会治理体系，完善正确处理新形势下人民内部矛盾机制，加强和改进人民信访工作，畅通和规范群众诉求表达、利益协调、权益保障通道。从党的二十大报告的论述中，我们不难发现，信息宣传工作事关意识形态和社会稳定。这要求我们在高度重视信息宣传工作的同时，也要高度重视舆情处置工作。

舆情是怎么产生的？

舆情是"舆论情况"的简称，指在一定的社会空间内，围绕中介性社会事件的发生、发展和变化，作为主体的民众对作为客体的社会管理者、企业、个人及其他各类组织及其政治、社会、道德等方面的取向产生和持有的社会态度，是群众关于社会中各种现象、问题所表达的信念、态度、意见和情绪等表现的总和。

舆情具有三个特点：舆情是一个中性词，本身没有好坏之分；舆情的主体是民众，客体是现实社会及社会中的各种现象、问题，即社会公共事务；舆情表达的是情绪信息，这一点与理性、理智正好背离。

从舆情的特点来看，舆情是一种情绪表达，是民众对政府或者社会组织工作结果的一种带有情绪色彩的评价，当这种情绪产生对政府或者其他组织不利影响时，就被看作"负面舆情"。那么，群众为什么会对政府或者社会组织产生负面情绪呢？

一般来说，群众对政府或者社会组织是非常信任的，这也是党和政府一直秉持"为人民服务"的执政理念开展工作的必然结果，但当部分党员甚至领导干部，在工作中脱离群众，自以为是，贪污堕落，损害群众利益，或者在处理群众意见时言行不当，使得群众把对个别党员干部的不满情绪扩大到对政府或者社会组织的不满时，就产生了负面舆情。

为什么很多人都害怕舆情？

很多工作人员之所以害怕舆情，是因为不熟悉现代化网络的传播方式，而对自己不了解的事物感到害怕是人之常情。

对这些工作人员来说，害怕舆情的主要原因是：其一，网络传播的信息中有很多非理性的成分，容易诱发个人情绪，进而导致错误判断和错误行为，造成对自身的伤害。对各种谣言缺少判断能力的民众，更容易成为谣言的受害者。当今谣言在网络的传播，已经成为一种社会现象，成为引发社会震荡、危害公共安全的因素。其二，网络环境的特殊性会加剧网络道德的行为失范。网络道德行为失范主要表现为道德情感冷漠、个人隐私受到挑战、虚假信息泛滥成灾、知识侵权行为盛行，以及网络盗窃、网络诈骗、网络破坏、网络教唆、网络暴力及网络色情等。其三，网络环境的复杂性增加了网络监管的难度。由于网络充斥着海量信息，管理者不可能对所有言论逐一进行检查评价，这些都不同程度地加大了网络舆论管理难度。

舆情是反映民众对单位工作能力和工作水平的评价标尺，不同于上级部门的评价，民众的评价很多时候没有明确具体的标准和指标，不容易把握，这也是很多单位对舆情莫衷一是的原因。

新时代舆情有哪些特点？

在新时代，90%以上的舆情来自互联网的信息传播和线上的情绪传导，表现出与以往完全不同的特点。

一是传播信息量庞大，互动性、即时性、自主性传播特点突出。目前虽然多个平台细分了受众类型，但互联网的信息却可以同时在多个平台传播，使舆情拥有多个传播途径，也可以同时触达不同类型的受众。

二是"微传播""病毒性传播"特征明显，传播速度快、波及广、影响大。"微传播"指传播内容的碎片化，尤其是流行的视频传播方式，不过十几秒、几十秒、一两分钟。很多人习惯了这种碎片化的内容，甚至没有了解全部信息的习惯和欲望，因此很容易被这种碎片信息传达的意图左右，不能进行正确的判断。"病毒性传播"指舆情以指数级的传播速度向四面八方发散。这样的传播速度让舆情的应对处置更加急迫，也更需要专业的应对能力。

三是传播呈现"网格化、动态时、全方位、综合性、立体式"景观，聚合分化特征凸显。舆情的传播途径、方向、影响更加不确定和难以预料。

四是突发性明显，易被发酵，信息传播呈现几何级裂变。由于网络舆情传播的速度非常快，往往令人猝不及防，很多负面舆情很快就传得人尽皆知。

五是传播指向明确且泛娱乐化传播明显。这是舆情传播过程中最难以掌控的趋势。很多民众关注舆情，并不是关注正义和道德，有时仅仅是"看热闹不嫌事大"的心态作祟，就希望通过看到别人"倒霉"来寻找自身的安全感或者优越感。这其实也是一种社会道德水平失范的体现，而互联网又扩大了这种状态。

舆情是怎么引发危机的？

通常提到的引发危机的舆情，一般指负面舆情。负面舆情一旦处理不好，有可能会引发群体性事件，进而弱化组织的公信力，造成社会认同危机，影响社会稳定。习近平总书记多次提到要防范"塔西佗陷阱"，就是因为社会认同危机会影响社会稳定。党的二十大提出，社会稳定也是国家安全工作的重要组成部分。

负面舆情引发的危机主要是认同危机，往往是由于社会组织，或者个人在工作中存在问题造成的。常见的负面舆情有三种类型。

一是自身管理工作不善引发的基层舆情危机。涉及重大利益问题时，比如，在土地征用、房屋拆迁、城市管理、环境保护、安全生产、食品药品安全等工作过程中，群众的合法权益未得到保障，让群众感觉政府说的与做的不一致，进而引发信任危机。涉及民生改善工程时，比如，面对好的教育、医疗、就业和社会保障等稀缺资源，权威部门或者个别领导干部利用权力谋取私利，让群众对"为人民服务"的信条产生疑问，进而引发信任危机。

二是对群众的维权处理不当引发的舆情危机。在群众维权过程中，相关工作人员如果处理不当，就很容易引发群众的抵触心理，对行政单位产生不信任感，听不进任何解释和辩护。有些人会利用媒体制造舆论，对单位或者政府施压，让上级政府部门出面处理。很多高层领导为减少舆论压力，也很可能会越级处置。

三是基层工作人员的不当言行引发舆情危机。基层工作人员如果言行不当，就很容易引发群众在负面情绪下做出错误判断，进而造成对政府的不信任。

舆情危机应对的基本原则是什么？

在信息传播过程中，民众利益选择性特征明显，因此危机应对的首要原则是确定民众的利益诉求是什么，以及哪些人群具有相同的利益诉求，对危机的起因和走势做出正确判断。在此基础上，才能正确应对舆情危机。

一是把握第一时间。网络组织动员能力强、成本低，所以舆情传播会在线上线下相互联动。为此，一旦发生舆情危机，相关工作人员必须在第一时间做出针对性的反应，必须当机立断，快速反应，果断行动，与媒体和公众进行沟通。当组织或者单位受到恶意攻击时，相关工作人员需迅速通过第三方平台、官方微信公众号、官方微博等渠道发布正式公告，并公布相关证据。同时，相关人员要统一口径，做好安抚工作，由法务部门整理相关证据并报警，协助警方进行处理。

二是确保系统运行。单位或者部门要制定舆情危机的应急预案，舆情发生后要按照应急预案全面有序地开展工作。具体而言，管理层要保持冷静，避免个人情绪；内部要统一观点，团结一心；组建舆情工作小组，对外口径一致；果断决策，迅速实施，同时与外部组织紧密合作，借助外力，做到多管齐下。

三是做到真诚沟通。危机事件发生后，所涉人员实现与公众的良好沟通至关重要，此时的沟通必须以真诚为前提。在面对负面舆情时，万不可用"无可奉告"做回应。这样的回应，在大众的认知中会演变为有所隐瞒，进而引发更大的舆情危机。众所周知，应对危机时，态度比能力更重要，开诚布公才更有利于化解危机，赢得信任。相关工作人员只有放下架子，主动沟通、积极交流，才能遏止谣传。

四是主动承担责任。危机发生后，相关工作人员要站在受害者的立场上，表示同情，并通过新闻媒体向公众表态，解决其深层次的心理和情感问题，从而赢得公众的理解和信任。无论问题出在哪一个环节，对民众来讲，态度都是最重要的。特别是涉及经济利益时，事业单位要承担起自身责任，在经济上及时予以弥补，在感情上重视安抚和慰藉。

五是援请权威证实。危机面前切忌孤军奋战，要善于援请权威或中立的第三方代言，破除公众的不信任心理。发生危机后，大多数单位自说自话的作用并不大，需要引入第三方信源，请第三方信源的意见领袖发表有见地、有代表性的言论，消除网络舆情危机中的信息盲点，形成权威效应。随着真相的进一步澄清或者解决措施的到位，这些举措会在一定程度上提高公众情绪的稳定性。在舆情已经产生稳定的社会影响前提下，相关工作人员要统一口径，从大局、自身责任和社会责任的高度不断进行舆情引导，直至解除舆情危机。

媒体和舆情危机的关系是什么？

媒体和舆情危机有很大关系。在没有网络的时代，舆论几乎和媒体是画等号的。媒体和媒体人是民意的代表，媒体也因此获得过"无冕之王"的称号。

在互联网出现后，网络衍生出各种舆论平台。媒体，特别是主流媒体反而和舆情慢慢脱钩。换句话说，网络不再是传统意义上的媒体，更像是表达民意的平台。事实上，现阶段很多媒体设置了自己的舆情分析机构，而这仿佛是在承认，媒体和舆情之间是有距离的，媒体只能反映部分舆情。

若将舆情监控的对象分成板块，大致可以分为四个板块：底层意见、精英看法、青年动向、官方倾向。在这些舆情板块中，最引人注目的是底层板块。不仅政府会关注，而且社会精英也十分在意。甚至可以说，底层板块的意见传达通常需要社会精英作为中介。也就是说，社会精英通过接力的方式传达底层看法。其中，媒体是最主要的接力渠道。因此，新时代的媒体也因其代言对象分为官方媒体和自媒体。

媒体能否最大限度地准确反映舆情，关键在于其能否充分关注基本的社会板块。从目前的情况看，主流媒体在反映官方倾向板块上没有什么问题，有问题的是反映社会精英的看法。比如，目前我国的社会精英通常很少看电视，一些传统纸媒的知识生产功能正在退化，在这种情况下，知识分子和传统媒体的关系越来越疏远。青年人和网络的关系则越来越近，他们更习惯通过网络表达自己的意见。如果说在所有的媒介中，网络对受众的影响最大，而这种影响很大一部分来自青年人。正因为如此，网络的双向性最明显，而电视和报纸仍然保持着单向特征。

在一定意义上，报纸、电视等传统媒体的单向性在一定程度上维护了传统媒体的权威性，而网络的双向性正在无情消解着媒体的权威性。可以看到，目前几乎所有的媒体都在讨好年轻人，因为他们代表了文化消费力。更重要的是，青年一代的变化是最快的，媒体需要跟上这种变化提升自己的市场反应速度，进而提升自己的影响力。为此，媒体，特别是主流媒体，只有紧跟时代，改变形式和内容，才能在继续得到关注的前提下保持自身的权威性。

第十一章
公务礼仪能力

> 公务，狭义是指国家机关的事务性工作；广义是指国家各级党政机关、国有企业、事业单位、群众团体等的事务性工作。公务礼仪指国家公职人员在公务活动中，遵循的约定俗成、合乎规范的礼仪程序、惯例和规则。公务礼仪遵循一般礼仪的基本原则，但同时也有其特殊性，把握公务活动中特殊的礼仪规范，可以提高公务活动的效率。
>
> 公务礼仪对规范公务活动有重要作用。同时，公务礼仪还可以有效地促进沟通与交往。在单位内部讲究礼仪，可以使同事和上下级关系融洽；在单位外部讲究礼仪，有利于树立单位形象，融洽单位之间的关系。

第一节 公务礼仪概述

《说文解字》记载，"礼，履也。所以事神致福也。从示从丰，丰亦声。仪，度也。从人义声"。根据这个解释，礼的含义是丰收了，要让神知道，是心理活动。仪是指规范，是具体的行为要求。礼是心里的，看不见；仪是显性的，是可以感觉到的具体行为要求。因此，可以这样理解，公务礼仪是对从事公务的人员在工作过程中心态和行为的要求。

什么是礼仪？

礼仪是一个人身份、修养的外在表现，也是社会对人的道德要求标准。礼仪不仅仅是外在的行为要求，更重要的是内心存有敬意。只有内心对人和事存有敬意，才能在行为和态度等外在仪表上表现出来，仅靠外表伪装，无法取得他人长久信任。

古人认为，礼作为内心活动可以通过仪（即一个人对待他人的行为）表现出来。如果内心对道德、法律、法规没有敬意，在行为上就会投机取巧，钻营找捷径，导致法律、道德规范变成一纸空文；如果内心对上下级关系、亲子关系、师生关系的基本要求没有敬意，就会在行为上出言不逊，或是阳奉阴违，以致对本该比较亲密的关系造成伤害。在现代社会，礼仪的相关要求是人们在各种关系处理过程中，在根据经验和教训形成的公序良俗基础上制定出来的行为规范，且这些行为规范的本质要求是内心的态度和认知。

在现代社会，一个人能否坚守礼仪规范，是我们判断一个人道德水准高低的途径，如果一个人能够做到对所有人秉持礼仪规范，而不是有所选择，那么，这个人的道德就值得信任，而事业单位在选人用人时也可以借鉴该判断方法。

礼仪是怎么产生的？

在古代，礼仪是人们约定俗成的，是对人、对己、对鬼神、对大自然表示尊重、敬畏和祈求等思想意识的各种惯用形式和行为规范，也是人们在社会交往活动中，为相互尊重，在仪容、仪表、仪态、仪式、言谈举止等方面约定俗成、共同认可的行为规范。礼仪是对礼节、礼貌、仪态和仪式的统称。

礼仪的发展可以分为以下两个阶段：

第一阶段可称为原始礼仪，是史前初民处理生活中各种关系的一些习惯性行为，通常也叫风俗习惯。不过，它不是风俗习惯的全部，只是风俗习惯中有固定仪式的部分。

第二阶段是文明时代的礼仪。随着等级制度的形成，较之于原始礼仪，文明时代的礼仪增添了浓厚的等级意识，是国家产生后借助原始文化、改造原始文化形成的国家制度的一部分。

公务礼仪和商务礼仪有区别吗?

公务礼仪,又称政务礼仪,指公务人员从事公务活动、执行国家公务时必须遵守的礼仪规范。其基本功能是,有助于塑造党和国家以及政府形象,有助于协调国家机构与公众的关系,有助于强化公务人员自身建设。公务礼仪的主旨是要求全体公务人员自觉忠于职守、勤于政务、廉洁奉公、忠于祖国和人民,提高工作效率,维护党和国家以及政府形象,更好服务人民、服务社会,服务国家治理能力和治理体系现代化。

商务礼仪是指在商务活动中,为了体现相互尊重和规范各方行为,应遵守的一些行为准则。这些准则包括仪表礼仪、言谈举止、书信来往、电话沟通等技巧。商务礼仪与公务礼仪在目的、行为主体、内容、形式、过程、效果等方面都有一些区别,但主要区别在于功能和作用。具体来讲,一是重在树立企业形象。商务礼仪能展示企业文明程度、管理风格和道德水准,从而树立企业形象。良好的企业形象是企业的无形资产,能为企业带来直接的经济效益。二是进行良好的人际沟通。讲究礼仪的人树立良好的个人形象,而一个组织的成员讲究礼仪,则为自己的组织树立良好形象,赢得公众赞誉,也为商业活动开展奠定基础。三是维护个人和企业形象。商务礼仪能降低在商务活动中出现失误的可能性,从而避免因个人不当行为导致商业机会丧失、商誉受损和人际关系破裂。四是创造商业价值。商务礼仪不仅仅是一种礼节,它还能够创建商业价值。通过标准化的接待程序等商务礼仪的应用,可提升企业的社会效益和经济效益。

除了遵守国际通行的礼仪规范,还必须遵守中央八项规定及实施细则精神,符合党风廉政建设的要求,这些都是公务礼仪中独有的规范性要求,与商务礼仪存在较大的差别。

第二节 公务礼仪常识

公务礼仪分为公务实务礼仪和个人礼仪。公务实务礼仪包括公务接待、会议安排、公务洽谈等公务场合的礼仪要求,个人礼仪包括着装、仪容仪表、谈吐行为的规范要求等。事业单位工作人员在国内代表国家机构的形象，在国际上代表国家的形象和国民素质，更要注重礼仪。

公务活动为什么要讲究礼仪？

公务活动既包括具体行为上的活动，也包括言语和表达上的活动，这两类活动都有服务群众、发展国家经济、推动民生改善等功能。

事业单位公务活动为什么要讲究礼仪？从外在服务的角度讲，人民群众一般可以通过以下方式衡量事业单位服务的态度和水平：一是服务的专业性，通过礼仪体现事业单位工作的专业水平，使群众对事业单位工作产生信任感；二是服务的完整性，事业单位工作在某些程度上起到示范、标杆的作用，通过完整履行礼仪程序，对同类工作进行规范；三是服务的可信性，通过事业单位工作标准的专业性和工作过程的完整性，使群众对事业单位产生信任感；四是服务的可及性，让群众通过事业单位的工作，感受到"人民公仆"的形象，并对组织产生信任力。从内在服务的角度讲，通过公务礼仪让群众对事业单位工作获得良好的感受，直接感知事业单位工作人员的工作态度，从而获得地位感、安全感、方便性和舒适感。

公务礼仪的原则有哪些？

公务礼仪主要有以下五个原则：

一是尊重原则。公务礼仪中的尊重，在行为上表现为倾听他人诉说，设身处地为他人着想，必要时出手相助，从而让对方充分体会到被尊重的感觉。

二是自律原则。公务礼仪中的自律，就是主动要求自己以积极的态度解决问题。在行为层面表现为推迟满足感、承担责任、忠于事实、保持平衡。特别重视保持心态平衡，在放弃自我欲望的同时，还能保持心态平衡。

三是敬人原则。公务礼仪中的敬人原则，重点强调维护他人的尊严。在交往中，无论对方是什么样的人，都要注意维护他人的尊严，这样才能在平等的关系中处理问题。

四是宽容原则。宽容他人是为了减少情绪方面无意义的摩擦，帮助我们把时间和精力放到更有意义的事情上去。对原则性问题，可以通过宽容的心态调整沟通方式，在坚持立场的同时，提高沟通效率，降低沟通的时间成本。

[案例参考]

　　下面介绍春秋时期的一个典故,说的是一个身着绿衣的人来到孔子教学的地方,见一个年轻人在大院门口打扫院子,便上前问道:"你是孔子的学生吗?"年轻人答道:"是的。"那绿衣人便与孔子的学生立下赌约,检验孔子的学生是否可以正确解答一个问题,赌注是当众向对方磕三个响头。

　　孔子的学生同意后,绿衣人提出自己的问题:"一年有几季?"于是孔子的学生和绿衣人在"四季"和"三季"两个答案上争论不休。此时孔子恰巧路过,二人请孔子评理。孔子对自己的学生说:"一年只有三季!你输了,给他磕头吧!"绿衣人大笑,待年轻人磕完头扬长而去。年轻人大惑不解,客人走后,他迫不及待地问孔子原因,孔子解释,此人全身都是绿色,而且认为一年只有三季,可见他是蚂蚱,蚂蚱春天生,秋天就死了,从来没见过冬天,所以在其思维里根本没有"冬季"这个概念。你跟这样的人争论三天三夜也不会有结果。不如你吃点儿小亏给他磕三个头,让他可以尽快离开去做其他事情,对他、对你都更有意义。

　　五是适度原则。只有在一定范围内,事物才能保持自身的存在状态;超过了特定的范围,就会向对立面转化。公务礼仪中的适度原则,要求我们说话办事要考虑后果,要使事物变化保持在适当量的范围内。既要防止"不及",又要防止"过了",采取正确的方法,保障在实践活动中取得良好效果。

公务活动的限制有哪些?

　　公务活动除要遵守国际上通用的礼仪规范外,还必须遵守中央八项规定及其实施细则精神。在与企业家交往过程中,必须遵守"亲""清"的政商关系要求;在与亲友交往中,必须按照党政干部的有关廉洁规定处理彼此之间的关系。

　　同样的原则体现在事业单位与企业、个人的交往中。事业单位作为承担一定政府职能、公益服务的部门,参与社会事务管理,履行一定的管理和服务职能,宗旨同样是为社会服务、为人民服务。对事业单位工作人员的规范和管理,也要参照机关行政部门的要求。因此,对其公务活动的限制性规定,要遵照党政机关的标准执行。

公务礼仪涉及的服务有哪些层次?

公务礼仪注重的不仅是形式,而且要通过礼仪,推动其所涉及服务内容落地生效,从而实现服务社会的目标。一般来讲,公务礼仪涉及的服务可以分为五个层面:

一是核心服务。这是服务对象真正需要的服务产品和服务内容,是服务的基本和核心利益。比如,医院的核心服务是医疗能力,是为病人解除病痛、救死扶伤的水平。无论医院的大楼多么豪华气派,服务态度和礼仪多么到位,如果医疗水平不够,就不能称为合格的医院。

二是一般服务。这是指服务的基本形态,服务的基本功能和属性特色等。比如,教学单位的基本形态包括学生在校的学习生活、安全防护等。从属性要求上来说,学校教育包括学生成长过程中的德育、智力教育、体育、美育和劳动教育等,以保障学生全面发展。

三是预期服务。这是指事业单位的服务对象,购买事业单位提供的服务时预期达到的基本形态和属性。这种预期既有约定俗成的要求,又可以通过双方协商,以合同方式确定。

四是扩张服务。扩张服务能够区别本单位服务产品和竞争者产品的附加服务或者利益供给,是体现同类事业单位提供服务产品水平高低的指标,也是市场化竞争的优势条件。

五是潜力服务。公共服务在未来可发展出的任何扩张利益都称为潜力服务。比如,通过礼仪获得服务对象的信任,进而在未来获得更多的发展机会。

第三节 公共场合的静态公务礼仪

静态公务礼仪主要指公务礼仪中的仪容仪表和服饰搭配,通过在静止状态下可以观察到的信息,向外传递礼仪信号。

仪容仪表可以塑造形象吗?

"文质彬彬,而后君子",仪容仪表是个人涵养的外在表现。在人际交往过程中,这是一张形象生动的名片。整洁的衣冠给人以舒服的感觉,而好的第一印象往往至关重要。注重仪容仪表是自尊自爱的表现,虽然是个人行为,但也表现出对他人的尊重。仪容仪表所展现的不仅仅是外貌,还是内在的精神风貌。事业单位工作人员良好规范的仪容仪表也是其所在单位精神风貌的体现。

孔子说过,"人无礼,无以立"。中国自古就有重视礼仪的传统,礼仪也被当做一个人道德水准高低的评价标准。从某种意义上说,礼仪是生产力,礼仪出效益;礼仪是标杆,反映管理水平;礼仪是文化,反映事业单位工作人员的素质和品位。

个人仪容仪表是社会交往中形成第一印象的主要因素,会影响周边人群对你的职业能力和任职资格的判断。一般来讲,一个注重个人仪容仪表的人往往会得到重用,也能受人尊重,甚至成为别人的榜样。

公务礼仪的仪容仪表要求主要包括着装规范、妆容规范、姿态规范等。

公务礼仪的着装规范有哪些?

公务场合的着装要遵循 TPO[TOP 是三个英文单词的缩写,分别是 time(时间)、occasion(场合)和 place(地点),代表着装应该与所处的时间、所处的场合和地点相协调]原则,即着装必须考虑时间、地点、场合需要,选择合适的衣服。时间要求要考虑早上、工作时间、晚上公务活动的情况,也要考虑季节因素等;地点要求即环境要求,不同的环境条件需要选择不同的服装,如比较合适的环境条件穿搭原则就是"入乡随俗",事先可以做一些功课,避免出错;场合要求是最重要,也是最难把握的。一方面要考虑场合本身气氛,另一方面要考虑自身的身份地位,既要展示对场合的高度重视和尊重,又要体现出对自己身份地位的准确认知,以及对领导和其他人的尊重。

一般来说,公务场合的着装一定要规范、低调,一般以制服、套装为主;社交场合的着装体现时尚、个性,一般以时装、礼服、民族服装为主,忌穿各类制服;休闲场合的着装比较随便,追求舒适自然,以休闲装、牛仔装、沙滩装、运动装为主。

男士的规范着装主要有西装、正装夹克、中山装等。这些服装的颜色、质地和搭配的衬衣、皮鞋都需要统一，尽量遵循三色原则，不要过分混乱。在特别正式的场合，男士还要注重领带、手表、眼镜等配饰的搭配。

女士的规范着装有西装、西装裙、中式旗袍等。女士着装要遵循"六不原则"：不杂乱无章，不过分鲜艳，不过分暴露，不过分透视，不过分短小，不过分紧身。女士着装的配饰包括手表、手提包、眼镜、戒指、耳环、项链、胸针、丝巾等，使用配饰时，不能过度夸张，要体现专业、干练的风格。

公务礼仪的妆容规范有哪些？

在公务场合，适当化妆也是有必要的。通常认为，化妆是自尊自爱的表现，也是对他人的一种尊重。公务礼仪的化妆要求包括自然、美化、适度、协调等基本原则。

公务礼仪的姿态规范有哪些？

公务礼仪的姿态规范主要包括站姿、坐姿等基本要求。

男性站姿要求：双脚平行打开但不超过肩宽，双手握于小腹前。当客人、上级走到跟前时，应主动问好或微笑示意。

女性站姿要求：双脚靠拢，膝盖打直，双手握于腹前。

男性坐姿要求：一般从椅子的左侧入座，坐下后紧靠椅背，身体保持挺拔端正，不要前倾或后仰，双手舒展或轻握于膝盖上，双脚平行，间隔一个拳头的距离，大腿与小腿成90度直角。如坐在深而软的沙发上，应坐在前端，不要仰靠沙发。忌讳跷二郎腿、脱鞋、把脚放到自己的桌椅上或架到别人的桌椅上。

女性坐姿要求：穿裙装时，特别要注意整理裙摆后再坐下，双腿交叉或并拢，双手轻放于膝盖上，面带微笑。

公务场合的表情需要管理吗？

公务场合的表情管理是公务礼仪的重要组成部分。亲切自然的表情可以使人如沐春风，甚至比规范的穿着更能给对方带来良好的礼仪体验。

公务礼仪中的表情包括面部表情、眼神等。其中面部表情管理要遵循TPO原则，根据不同的时间、地点、场合，进行相应的面部表情管理，表现出严肃、庄重、亲切等。眼神则一般要求专注，配合面部表情，表现出对对方的尊重、重视、接纳等。

第四节 特定公务场景礼仪

公务活动的场景需要规范的礼仪,以体现职业化、专业化的能力和水平。一般来说,事业单位常见的公务活动有会议安排、公务接待、汇报工作、乘车、共乘电梯、接打电话等。这些场景的礼仪虽然具体而规范,但也需要根据具体情况和要求进行灵活处理,下面做一些常规性介绍。

公务接待的礼仪有哪些?

公务接待的礼仪通常包括当面接待礼仪、电话接待礼仪、引见礼仪、乘车行路礼仪、递接物品礼仪、会议礼仪等。

1. 当面接待礼仪

上级来访,接待要周到。要提前了解领导的来访意图,提前准备好相应的数据、资料;对领导交代的工作要认真听、认真记;领导询问,要如实回答;如领导是来慰问,要表示诚挚的谢意;领导告辞时,要起身相送。

下级来访,接待要亲切热情。除遵照一般来客礼节接待外,对反映的问题要认真听取,一时解答不了的要客气地回复;来访结束后,要起身相送。

2. 电话接待礼仪

电话接待的基本要求是当电话铃一响,拿起话筒首先自报家门信息,然后再询问对方来电意图。要认真理解对方意图,并对对方的谈话做必要的重复和附和,以示对对方的积极反馈。

应备有电话记录本,对重要的电话内容做记录,并与对方核对;电话内容讲完,应等对方结束谈话后以"再见"为结束语;对方放下话筒后,自己再轻轻放下,以示对对方的尊敬。

3. 引见礼仪

客人与领导见面,通常由办公室的工作人员引见和介绍。

引导客人去领导办公室的途中,工作人员要处于客人左前方数步远的位置,切忌把背影留给客人；在陪同客人去见领导的这段时间，不要只顾闷头走路，可以随机讲一些得体的话或介绍本单位的大概情况；进领导办公室前，要轻轻叩门，得到允许后方可进入，切不可贸然闯入，叩门时应用手指关节轻叩，不可用力拍打；进入办公室后，应先向领导点头致意，再把客人介绍给领导，介绍时要注意措辞，应用手示意，但不可用手指指着对方。

一般把地位低、年纪轻的介绍给地位高、年纪大的；把男同志介绍给女同志；如果有好几位客人同时来访，就要按照职务高低的顺序介绍。

介绍完毕走出办公室时，应自然、大方，保持较好的行姿，出门后应回身轻轻把门带上。

4. 乘车行路礼仪

办公室工作人员在陪同领导及客人外出乘车时，要让领导和客人先上，自己后上；要主动打开车门，并以手示意，待领导和客人坐稳后再关门；一般车的左门为上、为先、为尊，所以应先开左门，关门时切忌用力过猛；乘车的座位内一般以左为上，右为下；陪同客人时，要坐在客人的右边。

自行开车座次如图11-1所示。乘坐出租车座次如图11-2所示。

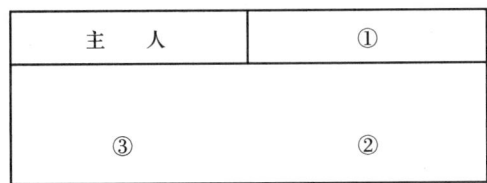

图11-1 自行开车座次　　　　图11-2 乘坐出租车座次

5. 递接物品礼仪

递接物品是生活中的常事，其基本要求是尊重他人。因此，递物时须用双手，表示对对方的尊重。

6. 会议礼仪

会议礼仪是人们在参加会议过程中为了表示相互尊重、敬意、友好、关心等共同遵守的行为规范。以下介绍一些基本技巧，更多的经验需要在实践中不断积累。

（1）会场基本礼仪

一是衣着得体，干净整洁，着装应与会议性质、自身条件、年龄和季节等相协调。女士以职业套装为宜，不可过于暴露或追赶潮流，外事会议男士应着衬衫和西服，打领带或领结。

二是在会场相互介绍时,应先进行自我介绍;若为其他参会人员做相互介绍,应根据职务和地位高低,先介绍位高者。

三是在会场握手致意时,办会人员先伸手,参会人员后;位高者先伸手,位低者后;女士先,男士后。握手时,应保持手部清洁,双目注视,力度适中,三四秒即松手。

四是在会场交换名片时,双手递送,一般位高者或年长者先主动交换名片为宜;同时向多人交换名片时,先递送给位高者,后给位低者;别人交换过来的名片要妥善保存,自己未带名片时要向对方表示歉意。

链接:形体语言的宜与忌

类型	宜	忌
站姿	1. 站直 2. 脚保持安静 3. 肩部放松 4. 双臂垂于体侧 5. 头和下颌抬起	1. 无精打采地站着 2. 来回移动脚 3. 晃动身体 4. 两臂抱肩 5. 低头
坐姿	1. 坐直 2. 两腿在脚踝处交叉 3. 身体微微前倾	1. 东歪西靠,坐不安稳 2. 两膝分开太远或跷起二郎腿 3. 双脚不停地抖动
走姿	1. 行走有目的性 2. 步伐坚定 3. 弯腰捡东西时要屈膝	1. 脚步拖拉 2. 步履沉重迟缓 3. 八字脚("鸭子步")

(2)参会人员礼仪

一是要按时到会,提前10分钟进场入座,不迟到;允许的情况下可提前30分钟到会,更好地利用会前时间同其他与会代表交流。

二是会议中手机调至振动或静音,确须接听电话,应先离开会场。

三是要提前熟悉议程和会议相关材料,做好讨论发言准备。

四是开会过程中,要端坐正视,集中精力,认真听会,适时鼓掌向发言者致谢;要认真记录会议要点,以便会后学习、总结和传达。

五是会间休息时,要主动与其他参会人员交流,探讨会议有关问题,不对领导讲话内容擅做评论和批评。

六是如需提前离会,要向主办方请假,说明原因,表示歉意。

(3)发言人员礼仪

一是发言要吐字清晰、语速适中,讲普通话,内容简短扼要、通俗易懂;发言时不能一直埋头念稿,应时常抬头,用目光和肢体语言与参会者互动。

二是积极回应会场掌声,可起立鞠躬以示谢意,若发言者是领导,可以鼓掌回谢,待掌声停止后继续发言。

三是讨论发言时,要按指定顺序发言,观点明确,控制好时间,耐心听取其他与会者对自己发言的不同意见。

链接:十种常见的礼仪错误

一是语言不当。

二是不守时。

三是不得体的服装和打扮。

四是不适当地使用电话。

五是不得体地向人问候。

六是不注意聆听别人的谈话。

七是不爱护公用财产。

八是使别人难堪。

九是不得体的用餐礼节。

十是对他人做出不适当或不一致的评价。

(4)接待人员礼仪

一是一般可着深色职业套装,胸前挂工作证,方便服务参会人员;可化淡妆,少用饰品,勿用味道浓烈的香水。

二是语言亲切、面带笑容、精神饱满、热情耐心地接待参会人员。

三是不得当众说说笑笑、玩手机,不得吃有异味的食物,不得有不文明礼貌的行为。

四是对与会领导和嘉宾的背景资料要有必要的了解;对老弱病残、少数民族、宗教人士、外宾等要给予特别照顾。

五是对参会人员的需求不可搪塞推辞，坚持首问负责；若参会人员提出不合理要求，要耐心解释，坚持原则。

公务活动的其他礼仪有哪些？

除在以上场景中需要遵循公务礼仪外，在日常行走、聊天说话、共同乘车、共同乘坐电梯、共同用餐、公共场合接打私人电话等不同工作、生活场景中，均可体现所在单位和个人的礼仪修养，也体现对对方的尊重程度。这些都需要我们灵活掌握，并恰当运用和展现礼仪。

[案例参考]

下面举例说明：一辆高级轿车向单位门口驶来，当司机将车停靠在大门口时，可以看到后排坐着两位男士，前排副驾驶座上坐着一位外国女宾。这时应该先为哪位乘客拉开车门并热情迎接？

按照事业单位乘车的礼仪要求，一般情况下，级别较高的领导应坐在驾驶员后排座位。不过，这次如果先为后排座位的两位男士开车门就违反了国际礼仪规范。按照国际礼仪，女士优先原则高于职位优先原则。

正确的做法有两种：第一种是先为前排座位的外国女士开车门并热情欢迎，再为后排座位的领导开门，时间要尽可能短暂。第二种是安排多位迎宾同志，同时为前排的外国女士和后排座位的领导开门，并尽可能让他们同时下车，然后引导他们同时进入单位大门，可以请女士在稍微靠前位置进入。

怎么处理公务礼仪和沟通的关系？

良好的礼仪表达在沟通过程中有助于提高沟通效率，实现沟通目标。一般的语言沟通除了前面提到的礼仪原则、规范，还可以运用肢体语言增强沟通效果。研究发现，人们在沟通中接收到的信息80%以上来自肢体语言。而礼仪规范就是通过各种肢体语言来表达想法的一种规范要求。通过个人服饰、面部表情、肢体动作综合形成的第一印象也是礼仪的一种表达，良好的第一印象有助于在沟通中取得更好的效果。

第十二章
职业发展能力

> 职业发展能力指个人在职业素质的基础上，适应社会和职业发展要求，不断获得、增强和发展的职业行为能力，具体表现为不断获取新知识、更新专业理论、及时掌握新技术的能力，适应岗位变迁所需的操作能力，运用所学知识解决不同岗位出现问题的能力。通俗来讲，职业发展能力就是个人在自己选定的领域，在自己能力所及的范围内，成为更好的自己的能力。行政管理能力、员工培养能力、团队建设能力、规划和沟通能力等都是个体在职业发展过程中必须培养的能力要素，是实现职业发展的重要工具。
>
> 职业发展是组织帮助其成员获取工作所需技能、知识的一种方法。实际上，职业发展是组织对其人力资源进行的知识、能力和技术的发展性培训、教育等活动。

第一节 职业生涯与职业规划

什么是职业生涯？

根据中国职业规划师协会定义，职业生涯是指人一生的职业历程。职业生涯的含义又随时间变化而变化。20世纪70年代，职业生涯专指个人生活和工作相关的各个方面，后来又被赋予很多新的意义，甚至包含个人、集体及经济生活的方方面面。

职业生涯是个人经历的一系列职位和角色，它们和个人的职业发展过程相联系，是个人接受培训教育及职业发展所形成的结果。

职业生涯是以心理、生理、智力、技能、伦理等一系列潜能开发为基础，以工作内容的确定和变化、工作业绩的评价、工资待遇、职称或职务的变动为标准，以满足需求为目标的工作经历和内心体验的过程。职业生涯是人一生中最重要的历程，对人生价值起决定性作用。

职业生涯是一个动态的过程，是一个人一生在职业岗位上度过的、与工作活动相关的连续经历，不包含职业成功、失败或者进步快慢的含义。也就是说，不论职位高低，不论成功与否，不论发展快慢，每个工作着的人都有自己的职业生涯。

什么是职业生涯规划？

职业生涯规划又叫职业生涯设计，指个人与组织相结合，在对一个人职业生涯的主客观条件进行测定、分析、总结的基础上，对自己的兴趣、爱好、能力、特点进行综合分析与权衡，结合时代特点，根据自己的职业倾向，确定其最佳的职业奋斗目标，并为实现这一目标做出行之有效的安排。

你了解职业生涯规划的由来吗？

职业生涯规划起源于1908年的美国。有"职业指导之父"之称的弗兰克·帕森斯（Frank Parsons）针对大量年轻人失业的情况，成立了世界上第一个职业咨询机构——波士顿地方就业局，并首次提出"职业咨询"概念。从此，职业指导开启了系统化发展的时代。到20世纪五六十年代，萨博等人提出"生涯"的概念，于是生涯规划不再局限于职业指导层面，而成为对个人的全职业过程进行规划和干预的行为。

职业生涯规划的意义和价值在于，以既有的成就为基础，确立人生方向，提供奋斗的策略；突破生活的既有路线，塑造清晰充实的自我；评估个人目标和发展现状的差距，确定个人特长和强项；准确定位职业方向，重新认识自我的价值并使其增值；发现新的职业机遇，提高职业竞争力等。

制定职业生涯规划要遵守哪些规则？

制定职业生涯规划，应当遵循以下十个原则：

一、清晰性原则。要确定清晰、明确的长期及阶段性目标，制定实现目标的具体步骤。

二、挑战性原则。目标应具有挑战性，仅保持原状的目标是没有价值的。

三、变动性原则。目标或措施要有弹性或缓冲性，能根据环境变化做出调整。

四、一致性原则。主要目标与分目标、目标与措施、个人目标与组织发展目标都要保持一致。

五、激励性原则。目标设立应符合个人性格、兴趣和特长，能对自己产生内在的激励作用。

六、合作性原则。个人目标与他人目标应具有合作性与协调性。

七、全程原则。拟订规划必须考虑职业生涯发展的整个历程，进行全程考虑。

八、具体原则。生涯规划各阶段的路线划分与安排，必须具体可行。

九、实际原则。实现生涯目标的途径很多，进行规划时必须考虑自己的特质、社会环境、组织环境及其他相关因素，选择切实可行的途径。

十、可评量原则。规划设计有明确的时间限制或标准，以便评量、检查，使自己随时掌握执行状况，并为规划的修正提供参考依据。

同时，制定职业生涯规划过程中要关注以下事项：

第一，人是有差异的。每个人的才能、兴趣和人格各不相同，基于这种种差异，人们各自适合不同的职业。虽然不同的职业对人的才能、兴趣和人格要求有其特定模式，但也不是一成不变的。所以，职业生涯模式的差异由不同的家庭地位与经济状况、个人智力水平与人格特征，以及个人机遇等因素综合决定。

第二，职业选择与适应是一个连续过程。人们对职业的偏爱、所具备的资质、生活工作的情境，以及人们的自我概念，都会随时间和经验的改变而改变，从而使职业的选择与适应成为一个连续的过程，这个过程分为探索阶段和固定阶段。探索阶段又可分为空想、尝试和现实三个时期；固定阶段则可分为尝试和固定两个时期。从更大范围看，职业生涯的成长、探索、固定、维持、衰退各阶段的总和，构成了一连串的人生阶段。

第三，职业发展过程具有可塑性。首先，职业发展的过程，从根本上说是一种完成自我概念的过程，而自我概念的建立过程是一种折中与调和的过程。"自我"则是个人自身条件与外界各种条件、各种反响相互作用的产物。其次，个人与社会、自我概念与现实之间的折中调和，是人们把自身置入社会职业角色的过程。再次，一个人对工作的满意程度，是个人的才能、兴趣、人格和价值观能否找到对应归宿的体现，或者说，视上述各方面适应程度而定。最后，职业发展的各个阶段可以通过指导加以改善。这里既包括培养人的职业才能与职业兴趣，使人更加成熟；又包括帮助人做职业选择。

事业单位为什么要研究职业生涯规律？

我国的事业单位具有人员流动性低、终身供职的特点，很多人一生都在同一个单位工作。事业单位研究职业生涯发展变化规律，有助于提高人力资源配置和使用效率，也有助于事业单位自身的发展。

就个人发展而言，很多人从中学时代就开始了对职业的探索，到考大学、报专业时，就正式进入职业生涯的探索期。对一个职业的全面完整认知需要长期探索，很多人在进入职场后才有了深入了解。因此，多数人的职业生涯探索是从入职开始的。一般来说，职业生涯可以分为以下几个阶段：

一是职业生涯尝试阶段（25~30岁）。个体在这个阶段开始确定自己在整个职业生涯中应有的位置，并开始增加作为家庭照顾者的角色。因此，这个阶段个体的主要任务是在不断的挑战中稳定工作，并学会合理均衡家庭和事业之间的关系。

在这一阶段，个体能取得的主要成果是在所选的职业中安顿下来，寻求职业及生活上的稳定。

二是职业生涯稳定阶段（31~44岁）。个体在这个阶段致力于实现职业目标，这一阶段是富有创造性的时期。

在这一阶段，个体应尽可能确认自己已进入合适的工作领域，并能在该领域中谋求发展。这一阶段是大多数人职业生涯周期中的核心部分，重点是快速提高在该工作领域的能力，并获得一定成就。

三是职业生涯中期危机阶段（45~55岁）。在这一阶段，一部分个体可能会发现自己偏离了职业目标，或者发现了新的目标。此时，个体需要重新思考自己的需求，从而进入职业转折时期。对个体而言，在该阶段学习新的技能是有效的变革手段。

在这一阶段个体可能会跳槽或者晋升,重点是重新认识自己、定位自己。

四是职业生涯中期维持阶段(45~55岁)。在这一阶段,个体已经找到了适合的领域,并努力保持在该领域取得的成就。与前一阶段相比,该阶段个体发生的变化主要是职位、工作和单位的变化,而不是职业的变化。个人应巩固已有的地位,并力争有所提升。

在这一阶段,个体应努力开发新的技能,维护已经获得的成就和社会地位。重点是维持家庭和工作之间的和谐关系,寻找接替自己的人选。

从时间上看,中期危机和中期维持阶段处在同一时段,视个体对职业发展的满意度和调适度不同,有的个体处于危机阶段,有的则处于维持阶段。

五是职业生涯衰退阶段(55岁以上)。在这一阶段,个体的重心逐步由工作向家庭和休闲转移,主要任务是安排退休和开始退休生活,精神上寻求新的满足点。

在这一阶段,个体将逐步退出职业和结束职业,开发新的社会角色,减少权力和责任,适应退休后的生活,重点是接纳自己的新状态。

一个人的职业生涯从25岁到60岁,几乎贯穿一个人的黄金年龄。所以,不但事业单位需要认真研究人力资源的职业生涯,而且工作人员本身也要对职业生涯规律有所了解。

你的职业生涯规划谁做主?

根据萨博的生涯发展阶段理论,人生发展可分为成长、探索、确立、维持、衰退五个阶段,人生发展是按照螺旋循环的方式进行的。在所有的发展阶段,个人应当重视职业生涯发展规律,根据发展阶段合理安排自己的任务,同时合理塑造生涯发展过程,使每个阶段都能实现其价值和意义。

我们不难发现,个人职业生涯虽然受自然规律和周围环境的影响,但个人的努力也是特别重要的因素。

个人职业生涯可以从三个层面来理解:第一是时间层面。这是个人的生命历程,受自然规律限制,很难改变。第二是广度层面。一个人终其一生都在扮演各种不同角色,转换不同岗位。在该层面,个体往往可以拥有最大限度的发挥空间,但如果选择的角色之间差异太大,也会对向上、向前发展产生阻碍。第三是深度层面。这是指扮演每个角色时所投入的程度。该深度决定了人生的高度，个人要想在某个领域成为专家或者顶级人物，就需要在深度上下大功夫。按照目前我国对高层次人才的一般判断标准，要实现这样的目标，通常需要5年左右（一万小时）的努力。这三者的结合决定了一个人职业生涯最终的轨迹。若能实现一万小时的专注投入，一般需要7~10年。

事业单位年轻人应该如何分析自身的职业倾向？

事业单位年轻人（泛指工龄在5年以内的青年人）的可设计职业生涯一般能持续25~30年，这既是有利因素，又是难点所在。一方面，职业生涯持续时间长，年轻人可以做各种尝试确认自身的优势和能力、兴趣倾向；另一方面，职业生涯持续期间的社会环境、单位发展、个人情况变化多，年轻人很难实现"一张蓝图画到底"的理想状态。

对年轻人来说，职业生涯规划既要有合理的长远目标，又要考虑过程中的变化因素，经过综合研判，找到一个可以最大限度发挥特长、减少时间消耗、快速提升自我、实现跨越式发展的职业规划。为了实现这一目标，事业单位年轻人要认真研究三件事：自己的兴趣倾向、自己的能力倾向及社会需求倾向。

1. 兴趣倾向分析

根据美国约翰·霍普金斯大学教授、职业指导专家霍兰德的职业兴趣理论，可以把个人的职业兴趣倾向分为六种，而每种职业兴趣则对应相应的职业方向。

（1）传统型。这种类型的人在事务性职业中最常见，其特点是容易组织起来，喜欢和数据型及数字型的事实打交道，喜欢明确目标，不能接受模棱两可的状态。这种类型的人可以用这一类词语描述，即服从、有秩序、有效率、实际。

（2）艺术型。这种类型的人与传统型的人形成了最强烈的反差。他们喜欢选择音乐、艺术、文学、戏剧等方面的职业。他们富有想象力，也有很强的直觉，易冲动却又时常内省，且有主见。这一类型的人语言方面资质强于数学方面，感情极丰富，但组织纪律性差。

（3）现实主义型。这种类型的人真诚坦率，讲求实利，缺乏洞察力且容易服从。他们一般具有机械方面的能力，乐于从事半技术型或手工型的职业。这类职业的特点是有连续性的任务却很少有社会性的需求。

（4）社会型。社会型的人与现实主义型的人几乎是相反的两类。这种类型的人喜欢为他人提供信息，帮助他人；喜欢在秩序井然、制度化的工作环境中发展人际关系。这些人除爱社交外，还有机智老练、友好、乐于助人等特点，其个性中较消极的一面是独断专行、爱操纵别人。

（5）创新型（企业家型）。这种类型的人与社会型的人相似之处在于都喜欢与人合作，主要区别是创新型的人喜欢领导和控制他人，其目的是实现特定的组织目标。这种类型的人自信、有雄心、精力充沛、健谈，其个性特点中较消极的一面是专横，权力欲过强，易于冲动。

（6）调查研究型。与创新型的人几乎相反，这种类型的人为了知识的开发与理解，乐于从事现象的观察与分析工作。这类人思维复杂，有创见、有主见，但无纪律性、不切实际、易冲动。生物学家、社会学家、数学家多属于这种类型。在商业性组织中，这类人经常担任研究与开发职务及咨询参谋之职，这类职业需要进行复杂的分析，而不必说服取信于他人。

2. 能力倾向分析

简单的能力倾向分析可以通过自我分析完成，也可以借助能力倾向测评完成。职业能力测评自20世纪30年代发展到现在，已经非常成熟，其科学性也得到了广泛认可。不过，职业能力测评也有不完善的地方，特别是针对新型职业和就业类型，职业能力测评技术便相对滞后。

3. 社会需求倾向分析

社会需求倾向分析需要通过对社会发展状况、专业本身发展状况进行及时了解和分析，并结合自身能力特征和兴趣方向做出综合评价。

结合以上三个方面的分析，职业规划可以分为直线发展和曲线发展两种类型。事业单位年轻人应当根据自身情况，做出适合自己的规划。直线发展是指职位发展保持在一种职位类型上的发展路线，如专业技术职称路线、行政管理路线等；曲线发展是指职位发展在几种类型之间变化，并同时提升位置的发展路线，例如专业技术的初级职称提升到行政管理的中层，再到专业技术的高级职位的发展路线。

第二节　职业素养与职业化

职业素养即职业化素养，是每个职场人都需要培养的职业化综合素质。良好的职业素养是员工在工作过程中，认真高效工作，促成和维护友好和谐的同事关系，自觉维护所在组织的利益和推动组织发展的外在体现。

什么是职业化？

职业化即工作状态的标准化、规范化和制度化，要求人们准确扮演好自己的工作角色，以专业的态度履行社会或组织安排的岗位职责，取得最佳工作成效。职业化要求个人在知识、技能、观念、思维、态度、心理等方面，符合职业规范和标准，具体包括职业素养、职业行为规范和职业技能三个部分。

以国际通行的标准分析，职业化的内涵至少包括四个方面：一是以"人事相宜"为追求，优化人们的职业资质；二是以"快乐工作"为目标，保持人们的工作动力；三是以"创造绩效"为主导，开发人们的职业意识；四是以"适应岗位要求"为基点，培养人们的职业道德。

职业化可以分为以下三个层次：

一是专业化，包括专业精神、专业知识、专业技能。

二是职业精神，包括热爱单位的敬业精神，主动承担责任的精神、具有团队协作意识的合作精神、热爱学习的精神和超越自我的精神。

三是职业规则与伦理，即职业道德。职业规则和伦理强调，在合适的时间、合适的地点，用合适的方式说合适的话、做合适的事，不为个人感情左右，冷静且专业。

事业单位工作人员职业化的基本内容和要求是什么？

我国事业单位的地位和性质决定，无论是对工作人员的职业要求还是行为要求，都必须坚持"德才兼备，以德为先"的基本规范。职业道德、职业意识、职业心态是职业素养的重要内容，也是职业化最根本的内容。

1. 职业道德

事业单位工作人员应该遵循的职业道德有诚实、正直、守信、忠诚、公平，以及关心他人、尊重他人、追求卓越、承担责任等。此外，事业单位工作人员还应当不忘初心，牢记使命，为党的事业贡献力量。职业素养更多体现在工作人员的自律上。

2. 职业行为规范

职业行为规范更多地体现在遵守行业和单位的行为规范上，包括职业化思想、职业化语言、职业化动作三个方面的内容。各个行业都有其行为规范，每个单位也有各自的行为规范。一个职业化程度高的工作人员，能在进入某个行业某个单位较短的时间内，严格按照行为规范要求自己，使自己的思想、语言、动作符合自己的身份。

职业行为规范也体现在工作人员做事有章法上，这些章法是由长期工作经验积累形成的，是所在单位规章制度要求的，是通过培训、学习形成的。当我们进入一家单位，对单位的评判首先就是对单位工作人员所表现出的行为规范的评判。单位会通过监督、激励、培训、示范来形成统一的行为规范。

3. 职业技能

职业技能是工作人员对工作的一种胜任能力，即工作人员有没有能力担当工作任务。职业技能大致包括两方面：一是职业资质，学历认证是最基础的职业资质；二是职业资格认证，即对某种专业化能力的专业认证，如安全工程师岗位的注册安全工程师证。除学历认证和职业资格认证等有效证书的认证外，社会认证也可以作为职业化能力的一个佐证。

4. 职业通用管理能力

每个人在单位中都不是一个独立的个体，必须与上级、下级、同事进行交往，形成一系列关系链。在这些关系链中，必然会有向上级汇报工作，向下级分配任务，与同事沟通、协作与配合，对自己进行有效管理等。这些通用管理能力是生活和工作必须具备的能力。通用管理能力的高低在某种程度上决定实际工作能力的高低，与职业资质互为补充，形成实际工作能力。职业通用管理能力较强的工作人员，其整体工作能力一定较强。

5. 职业素养

一般来讲，事业单位工作人员职业化面临六大壁垒，包括工作心态不积极、缺乏契约精神、不知道如何把工作干好、和同事关系很僵、得不到上司青睐、工作多年却没有成长等。事业单位工作人员只有很好地处理了这些问题，才能在工作中打开局面，取得成效。因此，职业化程度高的工作人员必将成为优秀的工作人员，团体职业化程度高的单位势必成为受社会尊敬的单位。

职业素养与职业化是什么关系？

美国心理学家麦克利兰于1973年提出了著名的冰山模型（见图12-1）。该模型将个体不同素质表现划分为"冰山以上部分"和"冰山以下部分"。

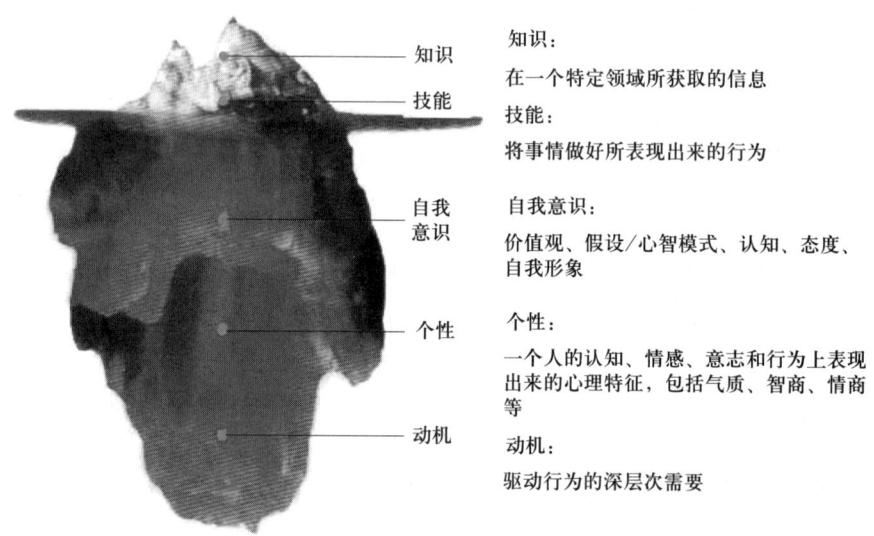

图12-1　冰山模型

"冰山以上部分"包括基本知识、基本技能，是外在表现，是容易了解与测量的部分，也比较容易通过培训来改变。从职业化的角度来说，这部分就是职业化的具体表现。

"冰山以下部分"包括社会角色、自我形象、特质和动机，是人内在、难以测量的部分。它们很难通过外界影响有所改变，却对人的行为与表现起到关键性作用。从职业化的角度来说，这部分就是职业素养，对一个人的职业化起到决定性作用。

职业素养包括哪些内容？

从心理学角度分析，职业素养主要包括自我意识、个性和动机三个方面，符合社会预期的职业素养通常表现为六个方面。

1. 诚信

人无信不立。无论是单位还是个人，都要讲求诚信。诚信是单位和个人重要的无形资产，具有很难得到却很容易失去的特点。只有坚持诚信，才能取得组织和他人的信任。

2. 敬业精神

敬业是职业素养中的重要品质，也是一种习惯。敬业精神不仅表现在不迟到、不早退，严格遵守单位各项规章制度，兢兢业业做好本职工作，而且表现在追求完美和卓越，以及把工作做细、做到位。具有高度敬业精神的人，领导在与不在，都能善始善终地做好本职工作。敬业精神需要培养，也需要良好的人文环境和和谐的工作氛围来维持。

3. 忠诚

组织培养一名优秀工作人员需要付出成本和精力。忠诚度高的工作人员不会轻易离职，也不会轻易选择放弃，而在组织出现困难时，会与组织一起共渡难关。这样的工作人员对组织来说是难得的宝贵资源，也必将得到组织的认可和重用。

4. 团队精神

随着社会的发展，单打独斗的时代已经一去不复返，越来越多的组织崇尚团队合作。团队精神不仅指人聚在一起，而且重要的是心在一起。只把人聚在一起的不是团队，而是团伙。那些貌合神离、钩心斗角的单位不会有发展前途，真正拥有集体精神和团队精神的组织才能战无不胜。

5. 超强的执行力

完美的战略决胜于严格的执行，高层的决策也需要在战略执行过程中不断改进和完善。当然，战略如果本身就有问题，执行者还需要及时向上级反馈。如果因为战略制定者的失误，员工执行战略却没有取得预期效果，战略决策制定者就需要认真反思，并承担相应责任。

6. 主动学习

不断提高和完善自我的意识是良好职业素养的表现。时代在进步，科技在发展，知识和技能也在不断迭代和升级。无论在哪个岗位，事业单位工作人员只有不断学习，主动提高技能水平，才能跟上时代发展的步伐，才能更好地完成组织交办的各项工作。

第三节 提升职业素养的途径

提升职业素养的途径有很多,一般可以从职业道德培养、职业意识增强、职业习惯养成和职业技能提升四个主要方面入手。

事业单位工作人员培养职业道德有哪些途径?

事业单位工作人员的职业道德与企业单位工作人员的职业道德有所不同。目前,我国人数最多的事业单位是教育单位和医疗单位。这两类单位具有职业的特殊性,对职业道德要求更高。"学高为师、身正为范""救死扶伤""白求恩精神"是社会对教师和医生职业的特殊道德认同。这就要求事业单位工作人员从社会角色认定的道德规范入手,自觉约束自身行为,不断提高思想境界。

培养事业单位工作人员的职业道德,既需要从单位文化建设、优秀人员奖励、考核细则要求等方面建立职业道德养成的基本途径,又需要从宣传、学习等方面建立职业道德内省机制,建立内心道德标准和工作底线,减少因道德标准错误而造成的严重职业错误。

怎么增强事业单位工作人员的职业意识?

提高事业单位工作人员的职业素质是一个长期的锻造过程,需要通过不断增强职业意识来完成。一是要明确自己所必备的职业素质标准;二是坚持努力的大方向,不怀疑、不动摇。

事业单位工作人员必须明确自己所必备的职业素质,即工作中实实在在要用到的知识、技能等,从工作要求角度明确自己要干什么,干到什么程度是符合标准要求或者能够超过同行的平均水平。同时,还能从理论高度,较为准确地确定某些具体要求对整个工作的意义,或者能够找出某项工作做不好的原因,并能自觉地加以改进。总之,事业单位工作人员应当对职业岗位的必备素质标准了然于胸。

在不断调整、调适过程中,事业单位工作人员必须坚持努力的大方向,这是意志品质的表现。很多才华横溢的人不能取得事业上的突出成就，往往是因为意志品质不足。只有具备坚定的意志品质，才能在自身磨炼过程中，使目标更具体，使道路更明朗，选择有针对性的措施，稳步实现目标。

良好的职业行为习惯如何养成？

俗话说，习惯养得好，终生受其益；习惯养不好，终生受其累。职业习惯包括个人的学习习惯和行为习惯。孔子说过，见贤思齐，见不贤而内自省也。要养成良好的职业习惯，必须对自己有严格的要求，不断追求卓越，向更优秀的人学习，这是养成良好职业习惯的基础。

要养成良好的职业行为习惯，一方面，事业单位工作人员要有强化良好职业习惯的意识。意识具有控制和调节身体、生理功能的作用，树立职业行为习惯意识非常重要，可以帮助事业单位工作人员明确职业发展方向。事业单位工作人员也可以根据自己的技能和兴趣，尽早确定职业发展方向和目标，及时调整职业习惯，树立职业意识，为将来职业发展提供专业保障。另一方面，事业单位工作人员要塑造良好的职业形象。职业行为习惯既指外表，又指人的品质。良好的形象不仅能使一个人拥有较好的职业行为习惯，而且有助于事业的成功。同时，良好的职业行为习惯不但可以帮助职场新人塑造职业形象，而且有助于其内心的职业化成长。所以，事业单位工作人员只有注重内外兼修，才能更好地适应职业要求。

事业单位工作人员需要哪些职业技能？

事业单位工作人员需要掌握多种职业技能，才能适应职业化工作的需要。对不同职业岗位，职业技能有不同的要求。下面简单列举一些通用技能。

1. 专业技能

专业技能是事业单位工作人员的看家本领，尤其对专业知识要求比较高的职位，事业单位工作人员只有熟练运用专业技能，才能在工作中顺利完成各项任务。

2. 学习能力

和工作相关的很多技能是在学校里无法学到的，尤其是一些操作性要求高的项目。同时，工作中遇到的很多知识也不仅限于个人的专业领域。这就要求事业单位工作人员必须具备较强的学习能力，掌握专业领域之外的知识，开展工作才能更加得心应手。

3. 学会使用一些常用工具

在现代职场，很多人通常要使用一些软件进行文字写作、图像处理、图形设计等工作，若不会使用，常常求助别人，肯定耽误工作。若抱着凑合的心态，工作成果就不那么完美。所以，事业单位工作人员要学会使用一些常见的软件，如 Word、Excel、PPT、Photoshop 等。这对加快工作速度、提高工作质量都有帮助。同时，事业单位工作人员也要掌握如复印机、打印机、扫描仪等常用办公设备的使用方法，以便更好地提高工作效率。

4. 较强的公文写作能力

事业单位一般需要以公文形式进行工作汇报，这就涉及撰写报告和请示函等公文。事业单位工作人员若具备较强的公文写作能力，通常会得到更多的锻炼机会，甚至得到提拔重用。所以，事业单位工作人员多学习公文拟制的方法和技巧，熟悉常见的公文格式，并经常练习写作，对提高表达能力和成果展示能力很有帮助。

5. 较强的人际沟通和协调能力

职场中人与人之间的沟通必不可少，尤其是在工作开展过程中，事业单位工作人员经常要和别人打交道。因此，较强的表达能力、洞察力、人际敏感力有助于其增强人际沟通的效果，推动工作顺利完成。

第十三章
运用方法能力

> 法国哲学家笛卡尔说过,最有价值的知识是关于方法的知识。工作方法是事业单位工作人员摸清情况、解决问题的基本手段,是把握工作定位、明确角色要求、厘清工作职责、出色完成任务的重要抓手,也是更好为党和国家服务、为本部门本单位服务、为广大人民群众服务的根本途径。

第一节 内涵与特征

个人、团体、组织、政党和国家机构等要解决固有的问题,达到预期的工作目的,必然借助和依靠一定的方法。有了正确的方法,我们才可以纵横捭阖,挥洒自如,顺利到达成功的彼岸;没有正确的方法,或者方法失当,我们往往一筹莫展,陷入困境,甚至一败涂地。

什么是方法?

方法是人们观察、思考和处理各种问题的基本原则、操作程序及工作技巧。方法是人们解决政治、经济、文化、社会、生活等各领域中问题的思路、途径和方式。

从学理的角度看，方法范畴演变到现在，已经发展成为一个运用极为广泛的概念，指人们为完成理论、认识、实践、日常生活的特定任务，或者为达到某一目的所选择和采取的手段、途径和方式总和。

工作方法的内涵是什么？

工作方法是人们关于认识世界、改造世界活动的战略目标、路线途径、谋略策略、手段工具、程序规则、价值评估、风险防范、状态调整的确定和实现，以及理念思路和行为方式的选择系统。

工作方法有哪四个基本特征？

从特点上看，工作方法呈现出的基本特征主要有以下四个方面：

第一，工作方法是解决问题的行为原则、程序或技巧。人类社会始终在解决问题的过程中前进和发展。无论是政治、经济、社会问题，还是人类自身的繁衍、存续和发展问题，人类社会总会遇到各种各样的问题。这些问题的解决必须遵循一定的原则，按照一定的程序，或者采取管用实用的技巧，因为离开工作方法的问题是不存在的，不针对问题的工作方法是不可理解的。

第二，工作方法是反复证明行之有效的方式、手段或工具。工作方法具有可重复性和可验证性，具有内在的规律可以遵循，如SWOT问题分析方法就是很好的例证。在实际工作中，通过对某一问题的四象限分析，即优势（strengths）、劣势（weaknesses）、机会（opportunities）和威胁（threats），可以帮助人们清晰地看到自身的优势和劣势，规避潜在风险，找到更好解决问题的方法。

第三，工作方法具有一定的内在逻辑结构和时间先后顺序，一般呈现出生命周期的规律和特点。比如，我们经常使用的PDCA循环就是一个工作不断持续改进的模型，包括四个循环反复的步骤，即计划（plan）、执行（do）、检查（check）和处理（act）。P（plan）——计划，是通过集体讨论或个人思考确定某一行动或某一系列行动的方案；D（do）——执行人执行，按照计划去做，落实计划；C（check）——检查或评估执行情况，如收集计划执行控制点或者管理点信息，找出执行过程中存在的问题；A（act）——效果，对检查结果进行处理，判断计划执行得怎么样，有没有取得预期效果等。

第四，工作方法是日常行为和工作的指引和行动指南。工作人员遵循和使用这些基本指引和导则，能取得事半功倍的效果，否则只能适得其反，对工作造成很大的被动。比如，无论哪种形式、类型和规模的会议，如果在会议准备阶段严格遵循以下要求，就一定能提高会议效率，实现会议目标，否则就会导致会议失败。这些要求是，不开无目的的会议，不开多议题的会议，不开无准备的会议，不开无关人员参加的会议，不开议而不决的会议等。

第二节　层次与结构

方法按其普适性程度和适应范围，可以分为哲学方法、一般科学方法和具体科学方法三类。其中，哲学方法是最高层次的方法，对一般科学方法、具体科学方法的创立、应用、更新都具有指导意义。

哲学方法、一般科学方法和具体科学方法有何不同？

哲学方法是以反映自然界、人类社会和人类思维普遍规律为基础，适用于人类活动的各个领域的一种思维方式和方法，如唯物辩证法、形而上学的方法、历史主义方法等。

一般科学方法又称多学科方法，是适用于自然科学和社会科学的一般方式、原则和手段，如系统方法、项目管理法等。

具体科学方法是指专门适用于某一领域或某一学科，某一方面的技术、原则和方式，比如目标管理的SMART方法。制定目标看似是简单的事情，每个人都有制定目标的经历，但是上升到技术层面，则需要掌握SMART方法——S（specific）即目标必须具体明确，M（measurable）即目标必须可衡量，A（attainable）即目标必须可实现，R（relevant）即目标必须有相关性，T（time-bound）即目标必须有时限的要求。

工作方法的层次与结构指什么？

工作方法通常具有完整的层次与结构。比如，事业单位的工作方法就呈现出完整的层次和结构，把握事业单位工作方法，首先要把握这种层次与结构。一般认为，事业单位工作方法的第一层次是关于战略目标的方法，即确定干一件事情要达到什么目的，向哪个方向前进；第二层次是关于路线的方法，即通过什么渠道达到确定的目的；第三层次是关于谋略策略的方法，即怎样制定政策策略，怎样利用有利条件，怎样形成共识，凝聚智慧，调集资源，组织力量，赢得各方面的支持；第四层次是关于手段工具的方法，即确定采取哪些具体手段实现战略目标和谋略策略；第五层次是关于程序规则的方法，即明确必须遵循的规范、程序和准则；第六层次是关于价值评估的方法，即对采取的方法及其可能产生的后果进行可行性论证；第七层次是关于风险防范的方法，即考虑利用某种方法时，怎样趋利避害，做好预案，化解风险，摆脱困境，赢得主动；第八层次是关于状态调整的方法，即事情失利或者不顺，怎么做到平衡心理，理顺情绪，调整状态，完善自我[①]。

为什么说方法与能力缺一不可？

方法与能力密不可分，能力以方法为主体，能力的内在运行靠的是思想方法，能力的外在发挥靠的是工作方法。事业单位工作人员每天要处理各种各样的问题，必然要用到各种各样的方法，同时也需要各种各样的知识，知识加方法才能构成全面的能力。在事业单位工作需要抓能力，抓能力必须抓方法；抓能力不抓方法，就会事倍功半，甚至前功尽弃。

第三节　常用的十种哲学方法

事业单位工作的普适性工作方法很多，如弹钢琴的方法、解剖麻雀的方法、种试验田的方法等，但重要而常用的是以下十种方法。

---

① 王德.公务员工作方法8讲［M］.北京：中国人事出版社，2012.

方法一：总揽全局、见微知著的方法

什么是总揽全局、见微知著的方法？

总揽全局、见微知著的方法的精髓在于用全局的观点看问题，善于在微观中看到宏观，在局部中看到整体，在现象中看到本质，在细枝末节中看到事物的发展动态和工作的发展取向。

毛泽东同志曾经指出，共产党员在领导群众同敌人作斗争的时候，必须有照顾全局，照顾多数及和同盟者一道工作的观点。共产党员必须懂得以局部需要服从全局需要这一个道理。如果某项意见在局部的情形看来是可行的，而在全局的情形看来是不可行的，就应以局部服从全局。反之也是一样，在局部的情形看来是不可行的，而在全局的情形看来是可行的，也应以局部服从全局。这就是照顾全局的观点。共产党员决不可脱离群众的多数，置多数人的情况于不顾，而率领少数先进队伍单独冒进；必须注意组织先进分子和广大群众之间的密切联系。这就是照顾多数的观点[①]。

总揽全局、见微知著的方法，本质上要求事业单位工作人员具有国际视野和战略眼光，能从国家和民族发展的大局看问题，从行业规范化发展中谋思路，从国家治理能力和治理体系现代化的高度想问题，善于从具体事情中看到背后的本质和特点，善于从零散杂乱的现象中找到规律，这样才能保证本行业、本单位、本部门工作的高站位、高起点和高水平。

方法二：有所为有所不为的方法

什么是有所为有所不为的方法？

《道德经》里有这样一句话，"为学日益，为道日损，损之又损，以至于无为，无为而无不为"。"有所不为"是为了扬长避短，积蓄精力，更有利于"有所为"；"有所为"的目的是"有所不为"，根据自己的特长和优势，服从并服务于"有所不为"，从而取得积极的工作成效。"有所为"与"有所不为"二者相互制约、相互影响、相互作用，是辩证的统一，既不能相互替代，也不能加以分割。离开"有

---

① 毛泽东. 毛泽东选集（第五卷）. 北京：人民出版社，1977：491.

所为",实际上也就没有什么"有所不为"。"有所不为"制约了"有所为","有所为"凸显了"有所不为"。在事业单位工作中,哪些该"为",哪些该"不为";哪些该"先为",哪些该"后为";哪些该"快为",哪些该"慢为";哪些该"重为",哪些该"轻为",工作人员不能凭自己的主观臆断和想象,必须根据一时一事一地的具体情况,分别作出判断,拿出对策,方能做到"世事洞明皆学问,人情练达即文章"。

毛泽东同志说过,"有所不为而后可以有为",正是这种情形。没有红军的改编,红色区域的改制,暴动政策的取消,就不能实现全国的抗日战争。让了前者就得了后者,消极的步骤达到积极的目的。"为了更好的一跃而后退",正是列宁主义。把让步看作纯粹消极的东西,不是马克思列宁主义所许可的。纯消极的让步是有过的,那就是第二国际的劳资合作论,把一个阶级一个革命都让掉了。我们应该大大地反对投降主义。我们的让步、退守、防御或停顿,不论是向同盟者或向敌人,都是当作整个革命政策的一部分看的,是联系于总的革命路线而当作不可缺少的一环看的,是当作曲线运动的一个片段看的。一句话,是积极的[①]。

在事业单位工作怎么做到"有所为"?

坚持层级负责,才能有所为。事业单位工作分工细致,各科室之间、各部门内部都有各自的分工和任务,各司其职是一个基本准则。对属于本级职责该干的事情,要尽力而为;对属于下级管辖负责的事情,要相信下级,敢于放手放权,充分发挥他们的主动性和积极性,形成高效有序的工作局面。

抓住工作重点,才能有所为。优秀的事业单位工作人员要做到分得清主次,抓得住重点,既要有一年抓几件大事、做几件大事的气魄,又要有几年抓一件难事、推动一件大事的韧劲,始终把时间精力向重点和难点工作倾斜,以重点难点工作带动整体工作的突破。

克服形式主义,才能有所为。事业单位工作人员要真正做到能不开的会坚决不开,能不搞的活动坚决减掉,能不发的文件坚决卡住,能不派的工作组坚决不派,能不去的应酬坚决不去。这样做既能减轻基层负担,保证基层有足够的时间精力落实工作,又能保证自身把宝贵的时间精力用在谋思路、出主意、见成效这样的实事上。

---

① 毛泽东.毛泽东选集(第二卷).北京:人民出版社,1977:503.

消除私心杂念，才能有所为。在事业单位工作，职责范围内该做的事情要努力做；职责范围外不该做的事情，特别是当领导没有明确指示时，不要抢着做。

毛泽东同志曾经说过，"我们不能四面出击。四面出击，全国紧张，很不好。我们绝不可树敌太多，必须在一个方面有所让步，有所缓和，集中力量向另一方面进攻"①。

方法三："大处着眼""小处着手"的方法

什么是"大处着眼""小处着手"的方法？

"大处"与"小处"是两个相对的概念。"大处"指包含多个组成部分、元素或多种特殊形态、多个发展阶段在内的有机整体，其内涵与一般、整体、全局、普遍、系统基本相通。"小处"指复杂事物、系统中的某一个部分、一个要素或事物、系统在其发展过程中某一阶段上的特殊形态。我们常说的个别、特殊、样本、试验田、切入点、难点、疑点、热点、重点、中心点等都是"小处"的具体表现。"大处"和"小处"作为矛盾的统一体，是一种相辅相成、相依相存的关系。俗话说，不谋全局者，不足以谋一域；不谋万世者，不足以谋一时。凡事从"大处着眼"，要求我们能迅速捕捉那些群众关心、领导重视、事关大局的问题；凡事从"小处着手"，则要求我们能沉下心来，从解决小问题入手，牵住牛鼻子，用典型引导思路，促进热点问题的解决和事业单位的顺利发展。

怎么做到凡事"从大处着眼"？

事业单位工作人员做到凡事"从大处着眼"，关键要以宏观的视野看待事物的发展演变，进行客观的认知，并探究其规律。

事业单位工作人员要做到"从大处着眼"，一方面，要做到自觉放远眼光，时刻把握国情、党情、世情、行情，始终围绕经济建设这个中心，把握新发展阶段，贯彻新发展理念，构建新发展格局，推动高质量发展。另一方面，做事要有全局观念。要吃透上头，把上级精神具体化；吃透外头，把外部门经验本地化；吃透下头，把干部职工和人民群众的诉求条理化。既要善于用"放大镜"看清上情，用"望远镜"观察外情，还要用"显微镜"摸清下情，确保更好地为党和国家中心工作服务。

---

① 毛泽东. 毛泽东选集（第五卷）. 北京：人民出版社，1977：24.

怎么做到凡事"从小处着手"？

事业单位工作人员做到凡事"从小处着手",就是要在明确工作思路、确定具体目标的基础上,把事情做细、做实、做到位。具体来讲,关键要做到以下几点:

一是抓精细。"天下大事,必作于细",这说明了细节的重要性,落实到工作中就要提倡精细化的标准和重视细节的态度。事业单位工作人员要用每个工作环节的高标准,保证整体工作的高水平,推进事业单位工作的创新。

二是抓具体。工作思路再宏大,也都是由一个个具体目标、措施、步骤和程序组成的,只有具体抓、抓具体,最终才能实现目标,取得预期效果。事业单位工作人员要坚持量化、细化、实化的原则,发扬习近平总书记倡导的"久久为功"的作风,保证以具体促深入,实现既定的目标。

三是抓典型。典型的宽度体现工作的广度,典型的深度体现工作的力度。抓典型既要注重培养,又要注重总结和宣传推广。抓典型既要注重数量,力求百花齐放,又要注重质量,力求抓出有分量、质量好的典型,从而提高影响力。

四是抓责任。责任是落实工作的尚方宝剑,责任不落实,工作就难以落实。责任有来自领导,也有来自工作本身的。事业单位工作人员把小处的责任落实到位,就是把大处的思路落实到位,而抓责任的关键是把外在压力转化为内在动力。只有这样,才能保证工作的高效率。

方法四:具体问题具体分析的方法

什么是具体问题具体分析的方法？

具体问题具体分析指要分析矛盾的特殊性,根据不同的矛盾,采取不同的解决办法。具体问题具体分析是马克思主义活的灵魂,要求把马克思主义基本原理与中国具体情况相结合,对中国的现状、历史进行分析,并制定解决矛盾的办法,确定路线、方针、政策和具体工作措施。

怎么做到具体问题具体分析？

具体问题具体分析要把握因地制宜、因事制宜、因人制宜的尺度,凡事深入实际,摸清情况,从而掌握特点,把握规律,找到制胜法宝。具体问题具体分析,要求我们在事业单位工作中将一般与个别相结合、普遍与特殊相衔接。一般与个别相结合即要善于"解剖麻雀",善于"种试验田"。这两方面实际上讲的就是抓典型,即抓反映共性、代表共性的个性,抓反映普遍性、代表普遍性的个性。典型有正反两个方向,正面典型反映正向普遍性要求,反面典型反映负向普遍性问题。事业单位工作人员若善用两类典型,对全局会有较大的牵动。反之,事业单位工作人员如果只讲普遍性不讲特殊性,就难以取得以点带面、牵动全局的效果。

方法五:"走马观花"和"下马看花"的方法

什么是"走马观花"和"下马看花"的方法?

"走马观花"的方法,是了解事物面上情况、掌握总体情况的一般方法,包括领导者到群众中走一走、看一看的直接调查,也包括在很短时间内研究各地送来的书面报告和统计数字的间接调查。"走马观花"可以在较短的时间内了解全局的轮廓,及时掌握总体情况,做到心中有数。"下马看花"就是深入基层,了解和掌握具体情况。"下"就是深入基层,"观"就是去调查去研究。"下"是"观"的前提,"观"是"下"的目的,应该先"下"后"观",为"观"而"下"。

怎么"下马看花"?

事业单位工作"下马看花"的方式很多,常用的主要有四种:(1)打电话或发信函。对一些疑点较小或把握不准的问题,可通过打电话或发函的方式,请对方协助调查解决。(2)实地调查。亲自到问题的源发地,找到当事人,拿到第一手材料,掌握最原始的情况,决不靠"二传手"提供的情况,做半截子调查。(3)复核资料。对一些明显不符的统计数字,通过召开有关人员的座谈会,充分听取各方面意见,而后加以研究,从中得出正确结论。(4)抽样调查。对一些普遍性问题,通过抽样调查的方式,验证已经取得的结果,使问题得到解决。

"下马看花"需要事业单位工作人员深入一线,掌握第一手材料,甘当"小学生",真正做到习近平总书记强调的"拜人民为师、向人民学习,放下架子、扑下身子,接地气、通下情,深入开展调查研究,解剖麻雀,发现典型"。这样才能真正发现群众面临的问题,反映群众的意见,总结群众创造的经验。

方法六:"非此即彼"和"亦此亦彼"的方法

什么是"非此即彼"和"亦此亦彼"的方法?

"非此即彼"告诉我们既要看到"是就是,不是就是不是,除此以外,一切都是鬼话"这样一个结论,又要看到"亦此亦彼"的"是可能是不是,不是可能反而是,除此以外,一切皆有可能"这样一个结论。辩证法大师黑格尔曾经精辟地指出,独断论坚持着严格的非此即彼的方式。与严格的"非此即彼"的形而上学的思维方式相反。恩格斯指出,辩证的思维方法同样不知道什么严格的界限,不知道什么普遍绝对有效的"非此即彼",它使固定的形而上学的差异相互转移,除了"非此即彼",又在恰当的地方承认"亦此亦彼"。

怎么采用"非此即彼"和"亦此亦彼"相统一的方法?

事业单位工作人员掌握"非此即彼"和"亦此亦彼"相统一的方法,必须坚持用全面的观点看问题、办事情。有此必有彼。"此"是什么,有时是亲眼所见,有时是道听途说;"彼"是什么,有时明,有时暗,有时则若明若暗,这就要求我们下功夫,不仅要研究"此"、研究"彼",而且要研究"彼此"之间的关系。

毛泽东同志指出,我们必须学会全面地看问题,不但要看到事物的正面,也要看到它的反面。在一定条件下,坏的一面可以引出好的结果,好的一面也可以引出坏的结果,讲的就是这个道理。

方法七:"重点论"和"两点论"相结合的方法

什么是"重点论"和"两点论"相结合的方法?

"重点论"指对各种事物进行分析时,必须抓住其主要矛盾;在研究一种具体矛盾时,要着重把握它的主要方面,要抓住核心要素和关键点。"两点论"指在研究复杂事物的发展过程中,既要看到主要矛盾,又要看到非主要矛盾;在研究某一矛盾时,既要看到主要的矛盾方面,又要看到非主要的矛盾方面。除抓住核心与要点外,还不能忽视与之对立的方面和要素,否则不仅解决不了问题,而且可能带来更多的问题。

毛泽东同志曾经讲过，一点论是从古以来就有的，两点论也是从古以来就有的。这就是形而上学和辩证法。中国古人讲，"一阴一阳之谓道"。不能只有阴没有阳，或者只有阳没有阴。这是古代的两点论。形而上学是一点论[①]。

怎么做到"重点论"和"两点论"相结合？

事业单位工作人员无论从事什么职业，服务哪个行业，总会遇到许多矛盾。分析这些矛盾时，要抓住居支配地位、起主导作用的主要矛盾，把握决定性环节，坚持"重点论"和"两点论"相结合的方法。一方面，要坚持"重点论"，即每个时期都会有中心工作，要善于抓住这些工作，不能主次不分，平均使用力量。一般而言，领导关心的问题往往是这一阶段的中心工作。对待中心工作，要有运动发展的观点，工作重点转移了，力量的组织配置也要相应转移。另一方面，要注意矛盾次要方面的配合，坚持"两点论"，既要搞好中心工作，又必须做好其他工作。比如，思想政治教育和心理疏导工作，是做好业务工作的前提。在事业单位工作，大多数部门往往强调给年轻同志压担子、给任务、提要求，希望这些同志能在最短时间内成为业务骨干，这种心情和做法可以理解。但是，年轻同志的衣食住行问题、婚丧嫁娶问题及心理波动问题，同样也要给予关心。所以，业务工作和思想工作要一起抓，工作问题和生活问题要一起管。当前，在城市生活和工作的压力越来越大，在事业单位工作的人员中，心理不健康和亚健康的人数呈上升趋势，必须引起我们的高度重视。

方法八：原则性与灵活性相统一的方法

什么是原则性和灵活性相统一的方法？

原则性由事业单位发展的方向、目标决定，失去原则性，就失去了大方向和总目标，即使工作取得成绩也没有意义。灵活性由事业单位工作的复杂性、艰巨性和曲折性决定。许多事情无法预料，也不可能按照既定方向发展。在这种情况下，事业单位工作人员必须随时调整思路，改变对策，灵活应对，确保原则性要求得以有效贯彻，大目标得以实现。事业单位工作人员要时刻牢记，原则性体现政治性、政

[①] 在中国共产党第八届中央委员会第二次全体会议上的讲话// 毛泽东. 毛泽东选集（第五卷）[M]. 北京：人民出版社：1977.

策性，必须紧紧把握原则性，同时还要注意把握灵活性。只要原则性，不顾灵活性，是机械式的干部、教条式的干部，这样的干部不"聪明"，也不"灵活"，更无法应对复杂的局面。

怎么防止割裂原则性和灵活性？

在原则性与灵活性的关系问题上，存在割裂两者之间关系的两种错误倾向。

一种错误倾向是以坚持原则性为借口而否认灵活性。具体表现为，指导思想上的教条主义、执行上级指示的盲目性、具体工作中规章制度制定和执行中的机械性等。有些事业单位工作人员做事原则性有余而灵活性不足，要么固执已见，要么死守教条，要么凡事都请示汇报，要么凡事都不吭气。对盲目执行上级指示的现象，毛泽东同志曾经尖锐地批评，"盲目地表面上完全无异议地执行上级的指示，这不是真正在执行上级的指示，这是反对上级指示或者对上级指示怠工的最妙方法"。

另一种错误倾向是过分强调灵活性而忽略了原则性，即所谓"上有政策下有对策"，凡事"灵活变通"等。这种错误倾向实质上是不讲大局，不讲整体，以本地区本部门的局部利益损害国家和集体的整体利益，以个人的"小我"代替单位或者国家的"大我"。

事业单位工作人员必须坚持原则性和灵活性相结合，要了解和熟悉所办事情的状况、规律和需要遵循的原则及程序，只有这样才能把事情办好。否则，就事倍功半，甚至办不成事情。

方法九：定性和定量相结合的方法

什么是定性和定量相结合的方法？

定性方法是对事物进行"质"的方面的分析与研究。质由事物内部所具有的各种矛盾决定，并且通过它与其他事物之间的区别表现出来。定性方法是运用归纳和演绎、分析与综合及抽象与概括等方法，对获得的各种材料进行思维加工，去粗取精、去伪存真、由此及彼、由表及里，达到认识事物本质、揭示内在规律的过程。

定量方法是对事物进行"量"的方面的分析与研究。量是事物存在和发展的规模、程度、速度及构成成分在空间上的排列，是可以用数量表示的规定性。定量方法着重对事物的量的规定性进行分析和把握，不局限于具体的数学统计和运算，还包括对事物的特征、关系与变化规律的数量描述与分析，以便从量的关系上认识事物发展变化的规律，做出更为精确的科学说明。

就东西方思维模式的差异而言，几千年来，我们比较重视定性的综合性思维，而西方国家则比较重视定量的分析性思维；就东西方行政管理的区别而言，千百年来，我国政府管理往往偏重定性分析，而西方国家政府则注重定量研究，采用计量经济学的方法分析社会和经济生活，制定公共政策。所以，事业单位工作人员在提思路、做决策、定措施的过程中，既要有质的要求，又要有量的规定，同时还要进行定性和定量分析，只有把定性和定量分析结合起来，才能得出科学的结论。

方法十：个人智慧和专家力量相统一的方法

什么是个人智慧和专家力量相统一的方法？

2023年3月，国务院第一次全体会议通过的《国务院工作规则》规定，强化系统观念，增强工作的前瞻性、整体性、协同性。全面落实重大决策程序制度，加强调查研究、科学论证、风险评估、合法性审查，广泛听取各方面的意见和建议。涉及社会公众切身利益的重要规划、重大公共政策和措施、重大公共建设项目等，应当充分评估论证，采取论证会、听证会或者其他方式听取专家和社会公众意见。建立健全重大决策跟踪反馈制度，加强后评估，不断提高决策质量。为什么国务院高度重视发挥专家的作用？道理很明显。事业单位工作人员根据所从事的行业，专业需求和相应的工作，要求不一样。因此，事业单位工作人员只有在充分发挥个人智慧，同时又借助专家力量的前提下，才能确保工作思路正确、工作方案科学、工作措施完整、工作结果满意。

工作中怎么选择和发挥专家的作用？

一般而言，专家是在某一领域有纵深研究并具有专门知识的人。在事业单位工作，不管是开展课题研究、方案论证、成果评定、重要决策，还是重大专项技术测评等，无疑都要请专家参与。但是，请什么样的专家参与，什么时候请专家参与，以及专家的参与程度等，都需要深思熟虑。首先，要明确该专家有实际的工作能力，能把握学术研究和行业发展的最前沿动向，了解理论与实践的联系和区别。指导工作实践的专家不能把僵死的教条机械地套用于实践之中，更不能漠视或者无视实践。其次，专家要有负责任的态度。专家不能天马行空、不着边际地提出所谓全新的理念。在实践结果出来前，谁也不能保证成效，专家只能提出建议。再次，专家要有科学的精神。实践无止境，研究也无止境，专家应该清楚自己能做什么、不能做什么。把能做的做好；对暂时还不能做或根本做不到的事情，应当坦诚相告。最后，专家要有较高的修养。专家除要有谦虚、谨慎、负责任的科学态度外，还必须有高尚的人格，不为权所撼，不为名所动，不为利所惑，敢于坚持真理，反对谬误，以国家利益为重。只有这样的专家，才能在事业单位的研究、论证、决策过程中真正发挥作用。在工作实践中，我们会遇到"专家不专"甚至"专家刁钻"的问题。比如，在政府采购领域，个别部门和地方建设的专家库，由于对资格条件、行业需求、专业素质、品德修养，甚至世界观、价值观和人生观等缺乏具体细致的评判标准，导致部分不符合标准的人员混入专家库，甚至有些人与供应商沆瀣一气，搞围标串标，搞假编标、假评标、假中标，这些都值得我们高度关注。

第四节　常用的八种技术方法

以上介绍的各种方法是从哲学和形而上的层面所论述的事业单位工作中普遍适用的方法。随着新兴学科的不断发展，特别是现代管理学和云计算、大数据、物联网、人工智能等高新技术的广泛运用，专业方法与技巧越来越多地涌现，以下是事业单位工作中常用的八种技术方法。

方法一：系统方法

什么是系统方法？

系统方法是系统理论为现代科学研究提供的一种崭新、卓有成效的科学方法，其是根据客观事物的系统特性认识事物、研究问题的一种方法，即从系统的观点出发，着眼于系统与要素、要素与要素、系统与外部环境之间的联系，综合而精确地掌握系统本质及其运动规律的方法。这种方法是以对系统的基本认识为依据，应用系统科学、系统思维、系统理论、系统工程与系统分析等方法，把对象作为系统进行定量化、模型化和择优化研究。其根本特征是从系统的整体出发，把分析与综合、分解与协调、定性与定量结合起来，精确处理部分与整体的辩证关系，科学把握系统的结构与功能，从而实现整体优化。在具体过程中，系统方法把对象当作一个整体对待，着重研究整体功能，注重从物质、能量和信息三个方面认识和控制系统运动，使系统达到最佳状态。在思维方式上，系统方法把综合作为出发点和归宿点，并把分析和综合贯穿于过程的始终，这是系统方法在科学思维方式上的重大突破。

系统方法与传统方法有什么区别？

系统方法与传统方法有较大区别。在传统方法中，确定目标主要依靠经验判断和逻辑分析，实现目标主要靠观察、实验、假说和论证等。而系统方法则把确定目标和实现目标有机统一，先通过摆明问题、系统综合、逐项分析、制定方案等步骤，为确定目标提供可靠的依据；再通过程序设计、具体规划、措施选择及研究、生产、安装和运行等阶段实现既定目标。传统方法总是把对象分成若干部分，在分析基础上进行综合，以简单分解和简单相加的观点说明整体性能，认为局部性能好，整体性能自然也好；局部性能不好，整体性能自然也不好。这种方法对人口控制、粮食危机和能源短缺、生态平衡、环境保护等一系列复杂对象而言，显得苍白无力。

系统方法有哪四个原则？

系统方法有很多原则，最主要的有以下四个方面：

第一，整体性原则。这一原则要求人们从系统的整体出发来研究部分，通过对部分的研究来体现系统整体。作为系统方法的基本原则，整体性原则要求人们在研究系统时，要从整体出发，并以整体为归宿，把握整体构成和整体运动规律，当人们在改善系统某个要素的性能时，一定要考察它对系统整体性能的影响。也就是说，改善系统某个要素时，首先要考虑其是否有利于系统整体性能的改善。否则，就不能轻举妄动。

第二，相关性原则。这一原则是从系统的要素与要素、要素与系统及系统与环境之间的相互关系研究和把握系统的特征。系统学创始人贝塔朗菲认为，系统是处在一定相互联系中并与环境发生关系的各组成部分的总和。也就是说，系统由相互依赖和相互作用的若干部分结合而成。这种结合使作为系统的整体具有各组成部分所不具有的特定功能。系统的要素与要素、要素与系统及系统与环境之间的相互关系就是系统相关性，而事物的性质及其规律只存在于这种相关性中。只有在相关性中，才能找到系统的本质与特点。

　　第三，层次性原则。这一原则是指从系统的层次、等级考察对象并依此解决问题的原则。任何系统都是多层次、多等级的有机结构。把握事物的系统，要弄清它的系统等级、系统层次，明确是在什么等级、层次上研究某个问题。一般来说，对某一特定系统的研究，要在由低级到高级、由简单到复杂的系统层次等级序列中进行。不同层次的系统具有不同的性质，遵守不同的运动规律。高层次系统的性质和规律不等于低层次系统功能和规律的简单相加。我们既要防止"一刀切"、简单化，又要善于发现不同层次的同质性和形式一致性，把两者有机结合起来。

　　第四，优化原则。这一原则是指系统在一定条件下达到的最优状态或结构的原则。系统整体优化是真正的最优，离开整体的部分最优，不能代表整体优化。当然，整体优化是相对于特定条件和目标而言的，凡是大的系统一般都是多目标、多功能的复杂系统，在这种情况下，要选择一种绝对、对所有指标都最优的控制系统，一般是不可能的。只能相对于特定条件和目标，选出最优化方案，并不断加以改进，提高系统调节能力，系统在动态平衡中才能达到最优。

方法二：工作分析法

什么是工作分析法？

　　工作分析法指对某项工作的特性及与该项工作有关的事项进行分析并收集有关资料，阐明工作任务、职责及任职条件等内容，作为人员聘任、职位评价、绩效评估、职级设计及薪资结构设计的基础。系统的"工作分析"最早产生于19世纪末的美国。20世纪60年代末，工作分析法在美国企业及行业协会、政府、军队、大学管理实践中已经得到普遍应用，发达国家把工作分析法作为现代人力资源管理的基石。工作分析是管理的基础性工作，具体包括两个方面：一是准确描述工作的内容和本质，如工作性质、范围、难易程度、工作程序、使用的工具资料及所负担的责任等；二是分析并确定从事这项工作的人应该具备的知识、技能、经验、资历、能力、素质等。

工作分析法的基本步骤有哪些？

工作分析法的基本步骤如下：从某一观察角度抽象出所有工作都具有的共同工作分析要素；将每一个工作要素进行分级，由此形成一个供分析使用的工作分析矩阵或坐标系；将一个工作按照共同的工作要素分解后，对应到某一分级，于是所有工作在第二步确定的工作分析矩阵中被唯一确定；根据具体用途对工作分析得到的数据进行整理、分析。代表性的工作分析法有功能工作分析法、最低特性分析法、职位分析问卷法、任务清单法、职业分析目录法等。

工作分析法广泛运用于组织决策管理、人力资源管理，以及职业咨询、制度教育等领域，在事业单位工作的各层面和各领域，也是一个普遍适用的方法。

比如，从工作分析的六个导向来看，工作分析是一个完成职位描述调查分析的过程，其核心是识别重要的工作行为并将工作分类，更好地配置人力资源和组织力量，达到顺利完成工作任务的目的。这六个导向分别是任务导向分析——回答工作做什么，行为导向分析——回答工作要如何做，个人导向分析——回答任职条件是什么，目标导向分析——回答工作绩效是什么，条件导向分析——回答工作环境是什么，责任导向分析——回答工作责任是什么。

方法三：目标管理法

什么是目标管理法？

目标管理法是20世纪50年代美国管理学大师德鲁克创建的管理方法和管理哲学，指员工与组织协商制定工作目标，实现"自我控制"，并激励员工努力完成工作目标的方法和技术。该方法以可观察、可测量的工作结果作为衡量员工工作绩效的标准，以制定的目标和时间框架作为对员工考核的依据，使对员工的评价和奖励做到更客观、更合理。由于该方法特别适用于对主管人员的管理，所以称为"管理中的管理"。

简单来说，目标管理法是组织为实现工作总目标，动员其所有部门和全体职工，通过共同制定、实施各种措施，按照民主管理原则，实现有效管理的方法。其基本做法是统筹、协调组织内部各部门、各单位间的工作，根据工作总目标建立单位内部各自的分目标，并依据组织程序与专业分工，使各部门在工作总目标下，建立一个自上而下、层层展开，自下而上、层层保证的工作目标连锁体系。

目标管理法有哪些特征？

目标管理法具有以下几个明显特征：第一，注重参与管理。目标管理是参与管理的一种形式，目标的实现者同时也是目标的制定者，即由上级与下级一起共同确定目标。首先确定总目标，然后对总目标进行分解，逐级展开，通过上下协商，制定出各部门、各单位直至每个员工的目标；用总目标指导分目标，用分目标保证总目标，形成一个"目标—手段"链。第二，强调"自我控制"。德鲁克认为，员工是愿意负责的，是愿意在工作中发挥自己的聪明才智和创造性的；如果我们控制的对象是一个社会组织中的"人"，则我们应"控制"的必须是行为的动机，而不是行为本身。也就是说，必须以对动机的控制达到对行为的控制。目标管理的主旨在于用"自我控制的管理"代替"压制性的管理"，这种自我控制可以成为更强烈的动力，推动员工尽自己最大力量把工作做好。第三，促使权力下放。目标管理注重下放权力，大胆放手，让员工自觉、创造性地开展工作，推行目标管理有助于协调集权与放权的矛盾，促使权力下放，有助于在保持有效控制的前提下，搞活内部工作机制，创造良好发展环境。第四，绩效成果第一。实行目标管理后，由于有一套完善的目标考核体系，能够根据员工实际贡献大小如实评价一个人。目标管理法力求组织目标与个人目标更密切地结合在一起，以增强员工的归属感和满足感，这对调动其积极性、增强组织凝聚力起到了很大的作用。

采用目标管理法要关注哪三个环节？

事业单位工作人员采用目标管理法时，要重点关注以下三个环节。

第一，设置目标。目标管理的第一步骤是确定目标。目标是在一定时期内（一般为一年）组织活动的期望成果，是组织使命在一定时期内的具体化。由于组织活动与个体活动的有机叠加，只有每个员工、各部门的工作对组织活动做出期望的贡献，组织目标才可能实现。所以，如何使全体员工、各部门积极主动、想方设法为组织的总目标努力工作，是管理活动有效性的关键。

第二，管理过程。对目标实施过程中的管理是不可缺少的。首先，利用双方经常接触的机会和信息反馈渠道自然地进行检查，随时发现和解决过程中出现的问题；其次，要向下级通报进度，反馈各方面情况，便于互相协调；最后，要帮助下级解决工作中出现的问题，当出现意外、不可预测事件时，也可以通过一定的程序和方法，修改和调整原定目标。总之，要围绕目标的实现，掌握各阶段、各部门及各位员工的具体工作情况，及时发现和解决过程中的问题，确保工作顺利开展。

第三，总结和评估。实现预定目标后，下级首先进行自我评估，提交书面报告；然后上下级一起考核目标完成情况，决定奖惩；最后讨论下一阶段目标，开始新的循环。如果目标没有实现，要及时分析原因、总结教训，切忌相互指责、推卸责任；相反，要保持平和的心态，维护和保持团结和谐的局面，相互信任、相互支持，开展新的工作。

方法四：内容分析法

什么是内容分析法？

内容分析法最早萌发于传播学领域。1952年，美国学者伯纳德·贝雷尔森的《传播研究的内容分析》一书确立了内容分析法的地位。他认为，内容分析法是一种对传播内容进行客观、系统和定量描述的研究方法。到1955年，有关这一方法的内容与步骤，如分析的单位、定性与定量的比较、频度的测定与用法、相关性及强度的衡量及信息量的测度等问题，得到了不同程度的重视，初步模式和理论也被提了出来。20世纪60年代初，内容分析法开始在美国情报部门推广使用。此后内容分析法进入美国大学的传播学、政治学和社会学课堂。20世纪70年代，这一方法在北美、西欧的社会科学各学科中开始应用，而且在社会学和比较政治学中取得显著成效。20世纪80年代以来，内容分析法不断吸收当代科学发展的养料，用系统论、信息论、符号学、语义学、统计学等新兴学科的成果充实自己，在社会发展和国际政治等领域中业绩显赫，被称为"社会科学的重大进展"之一。

内容分析法由研究对象、方法论基础、主要类型、基本流程、经验方法等方面构成。从分析的层次角度出发，可以将内容分析法分为概念分析法和关联分析法两类。概念分析法主要是对由单个词语或词组表达出来的预定概念在特定文献中出现的频率进行统计，以此推断文献的内容特征。利用该方法首先要确定研究的问题，然后根据研究的问题选择内容样本。一旦选择了内容样本，就需要对样本进行编码，使其成为可管理的内容类别库，对某一概念出现的频率进行综合抽象，从中得到应有结论。关联分析法比概念分析法更进一步，它在统计预定概念出现频率的同时，还要分析预定概念之间的关系、与上下文的关系、概念组合及其含义等。该方法可以对上下文的语境进行分析，分辨出各种词语的真正含义，从而推断出信息源的内容重点及其隐含的相关信息。

内容分析法的核心是什么？

内容分析法既要使用一般哲学的方法，如推理方法、比较方法等，又要使用一些数学方法，如统计方法、计量方法等。内容分析法的实质是对文件、文献、政策法规内容所含信息量及其变化的分析，即由表征信息有意义的词句，推断出准确意义的过程。推理方法支撑内容分析，一层层推导出有价值的结果。因此，推理是内容分析法的方法论核心，常用推理方法有趋势推理、共变推理和因果推理等。推理是为了比较和分析，在内容分析法中运用较多的比较，有趋势比较、不同内容群比较、相同内容样本内的比较、标准内容比较等。

内容分析法的三个运用场景是什么？

在事业单位工作中，特别是在智库管理、舆情分析、应急处置、动态研判等工作中，内容分析法的主要应用场景体现在以下三个方面：

第一，特征分析也称意向分析。即通过对某一对象，在不同问题或在不同场合显示出来的内容资料进行分析，并将量化结果加以比较，找出其中稳定、突出的因素，从而判定这一对象的基本特征。比如，通过对某些部门出台的管理办法、工作制度及文献资料进行内容分析，研究这些部门的工作内容、工作特色、工作重点、政策趋向和工作风格等。

第二，趋势分析也称发展分析。即通过对某一对象，在同一类问题不同时期内显示的资料和文献进行内容分析，并将量化结果加以比较，找出其中发生变化的因素，从而判断这一对象在某一类问题上的发展倾向。比如，通过系统研究和捕捉发展改革、财政、税收、统计等宏观经济数据和有关文献，分析和判断当前的宏观经济形势，得出国家经济整体向好或者向差的发展趋势，为证券分析和管理政策的出台奠定基础等。

第三，结果分析也称比较分析。即通过对同一中心问题，但对象或来源不同的样本资料进行内容分析,并将量化结果加以对比,找出它们之间的异同,从中发现真正代表性的结果,为确定政策和改革发展走势奠定基础。比如,比较不同省区市在推进事业单位分类改革的设计思想、工作理念和具体措施,制定科学合理的、符合大多数地区的共同改革方案等。

[案例参考]

兰德公司是美国著名智库,是美国最重要以军事为主的综合性战略研究机构。它先以研究军事尖端科学技术和重大军事战略而著称于世,继而又扩展到内政、外交等各方面,并逐渐发展成一个研究政治、军事、经济、科技、社会等各方面的综合性思想库,被誉为现代智囊的"大脑集中营""超级军事学院"和美国政府第一智囊,以及世界智囊团的开创者和代言人。它采取内容分析、概率统计、科学预测、调查研究等不同方法,开展过不少预测性、长远性研究,提出的不少想法和预测是当事人根本没有想到,尔后经过很长时间才被证实的。比如,朝鲜战争前夕,兰德公司组织大批专家对朝鲜战争进行评估,并对"中国是否出兵朝鲜"进行预测,得出的结论只有一句话,"中国将出兵朝鲜"。当时,兰德公司欲以200万美元购买并将研究报告转让给五角大楼,但美国军界高层对兰德公司的报告并不感兴趣。在他们看来,当时的新中国无论人力和财力都不具备出兵的可能性。然而,战争的发展和结局却被兰德公司准确言中。这一事件让美国政界、军界乃至全世界都对兰德公司刮目相看。兰德公司正是通过对大量文献资料进行内容分析和研判,做出科学合理的预测,从而确立了自己在美国社会的地位。

方法五:民意测验法

什么是民意测验法?

民意测验法也称民意调查法。由于具有精确、迅速、简便掌握事态和发展情况的特点,民意测验法成为人们观察问题的窗口、分析问题的准绳、制定政策的依据和预测未来的参数。民意测验法在事业单位中的运用可归纳为以下几个方面:

一是推动决策问题形成。一般来说,任何一项政策进入政府议定程序前,都要经历"问题—社会问题—公共问题—公共政策问题—首脑决策问题"的发展过程。

但是，要使一个问题上升到政策问题，首先必须引起民众的广泛关注、思考与议论，并得到清晰准确的表达，民意测验正是这种表达的有效工具。因此，在政策问题形成过程中，进行民意测验并发布调查结果，在一定程度上发挥着"议程设置"的作用，有助于推动公共议程上升为政府议程。政府对调查结果的了解也有助于决策者筛选社会问题，更快、更准地确定哪些问题成为今后决策的重点。

二是提供决策制定的依据。通过广泛收集并反映民众意见，使决策者真正了解民众问题，满足民众需要；通过对民意信息的传递，及时为决策机关提供丰富的信息资源，为政策制定提供依据。民意测验这种描述事实的重要功能，突出表现在所提供的信息可能是决策机关通过常规渠道不可能了解到，或者是由于某些机构欺上瞒下而造成信息流失效，使决策机关难以了解到。只有建立在具体的事实基础上的决策，才能准确体现民众意志，满足民众需求，最终有效地解决社会问题。

三是营造有利的治理氛围。要推动公共政策顺利、有效执行，离不开广大民众的支持。政府可以利用民意测验结果，营造良好的舆论环境和施政氛围，促进政策顺利执行。这不仅表现在民意测验可以提高政策的知名度，通过民意，对政策涉及的一系列问题进行广泛宣传，让政策指向对象及其他人都对该政策有所了解；而且可以提高民众对政策的认同感，认同感也是影响政策有效执行的重要因素。民意测验结果的发布可以在一定程度上激发民众对政策的认同。

四是检验工作的最终效果。民意测验以其本身所具有的优势，在较大范围内反映不同地区的政策执行情况，尽快反馈政策执行后民众的反响、政策对象的利益得失等，并将这些相关信息迅速传递给政策制定者。政策制定者可以根据第一手资料，了解政策的被接受程度和现实适用程度，一旦发现与社会现实冲突的漏洞、偏差或相关规定的缺乏，立即进行修改和补充，从而有助于现行政策的及时调整。

采用民意测验法要把握哪几个原则？

俗话说，民意如流水，民调如探针。事业单位工作人员采用民意测验法时，要特别注意把握以下几个原则：

第一，真实性原则。民意测验的结果必须是基于对社会情况和公众意见的严谨、科学的系统采集，给予受众的不是个别的、片面的、局部的和割裂的现象描述，以及基于这种描述的分析；而是真实的、客观的、全面的、结构化的现象的完整描述和分析，这种描述和分析能够提供社会的"标准意见"，起到机关参考、社会示范和公共沟通的作用。

第二，客观性原则。在民意测验过程中，事业单位工作人员要始终秉持中立的立场，从而使受访者乐于合作，并使社会公众增进对民意测验结果的相信程度，进而更好地使民意测验结果起到引导社会舆论的作用，成为公众了解社会的最好窗口。

第三，适宜性原则。民意测验要在适宜的时间、地点和场合进行。民意测验结果的发布也要在适宜的时间、适宜的场合进行。事业单位工作人员在合适的时间发布民意测验结果，可以帮助民众及时、正确地理解和分析一些正在发生的事情、及时掌握动态。此外，事业单位工作人员也可以基于当前的社会背景，选择合适的时机进行民意测验，引起民众关注，提前进行讨论和沟通，对未来事件进行相对准确的预测。

第四，导向性原则。事业单位工作人员发布民意测验结果前，必须综合、全面、谨慎地考虑该结果发布后可能激起的社会反应和诱导的社会心理，必须考虑是否有利于形成积极正确的社会舆论，是否有利于营造有利的工作氛围，是否有利于问题的解决和矛盾的化解。这样的民意测验往往是事业单位工作人员掌握情况、把握规律、因势利导、解决问题的关键。

方法六：科学预测法

什么是科学预测法？

古人云："凡事预则立，不预则废。"预测是对客观事物未来发展的估计、分析、判断和推测。科学预测是在正确理论指导和把握客观规律的基础上，借助科学预测技术体系和对大量信息资料的系统分析，揭示客观过程的本质联系和必然趋势的技术方法。

近代以来，西方学者通常运用一系列现代科学预测的技术和方法，预测社会和经济发展趋势。比如，康德拉季耶夫的"长波理论"，指出工业国家的经济每50~55年经历一个衰退、投资、过度建设、混乱的涨落周期。J. A. 熊彼特的"创新理论"，强调重大技术革新是破坏和创造经济生活的"狂飙"。门施认为资本主义经济的"萧条—繁荣—萧条"周期每一次都和技术革新浪潮相吻合。W. 罗斯托的"经济成长阶段论"把经济成长划分成传统社会、为经济起飞创造前提、经济起飞、经济向成熟推进、高额群众消费、追求生活质量六个阶段。他们对即将出现的某些科学技术上重大突破的分析和预测，对新技术的广泛应用将会给世界带来的变化所作的推测和估计，都具有一定的合理性。

科学预测有什么特点？

科学预测在不同领域的广泛运用，产生了不同的预测学科门类，如经济预测、市场预测、社会发展前景预测等。科学预测一般具有以下几个特点：

第一，超前性。预测既具有历史感，又有现实感。预测是在研究历史和现状基础上，根据事物的客观规律对未来作出的科学推测，而对未来的推测，又服务和服从于现在的工作实践。正因为具有这种超前性，科学预测才获得相对独立于社会实践发展的能力。

第二，试探性。预测属于对事物未来状态的概率判断。预测的试探性源于预测对象。预测对象是未来，而未来在任何时候都不会完全纳入人们的视野。预测的试探性还源于预测主体因素。因为任何预测主体都生活在一定社会条件下，受现实社会实践水平的限制。

第三，可检验性。包含两个方面的内容：一是预测结果必须明确无误，不能模棱两可。只有明确无误的结果才具有可检验性，或者被证实，或者被证伪。二是预测的结果必须可以解释，也就是说，依据客观规律，运用理性和逻辑的方法，推测出可以被检验的结果。

第四，不精确性。预测任务在于以某种概率预料事物发展趋势，指出发展的大方向，为未来勾画大致轮廓，而不可能确切地描绘每一个细节，具体规定未来活动的精确形式和实现日期。这就是说，即使预测结果正确，也不可能完全精确。

科学预测的一般程序包含哪四个阶段？

科学预测的一般程序包括确定预测目标、选择预测方法、收集处理信息和编制预测方案四个阶段。

第一，确定预测目标。预测是有目标的。对一个国家的经济预测来说，其主要目标是国家经济的发展趋势，以及由此可能产生的社会影响。确定预测目标通常分为两个阶段：一是提出预测的课题和期限；二是大量收集与预测课题有关的背景材料，包括政治、经济、社会、科技、文化等方面的材料，了解国内外同类预测研究的进展状况和最新成果。

第二，选择预测方法。选择预测方法，既要取决于上一阶段所确定的预测课题和期限，也要参考预测者本人的专业知识结构和所具备的客观条件。

第三，收集处理信息。预测所遵循的惯性原则和类推原则，规定了在时序上应有现在的信息和过去的信息，在空间上应有样本的信息和整体的信息。

第四，编制预测方案。在获得大量数据资料并进行初步处理的基础上，事业单位工作人员就可以转入编制预测方案的阶段。这是预测研究的核心，一般又可分为设计预测模型、进行预测计算、发布预测结果等阶段。

方法七：概率统计法

什么是概率统计法？

概率亦称或然率，是概率论中最基本的概念。概率是用来表示随机事件发生的可能性大小的量。概率越大，表示该事件发生的可能性越大。概率统计方法即概率研究方法，指对具有随机性的调查材料进行概率研究，对所获得的大量材料进行统计研究，以揭示调查对象变化的统计规律性，寻找解决问题的一种方法。

随着计算机的发展及各种统计软件的开发，概率统计法在金融、保险、生物、医学、经济、运筹管理和工程技术等领域得到广泛应用，在自然科学、社会科学、军事和工农业生产等领域的应用也方兴未艾。概率统计法可以通过数学建模、理论分析推导、数值计算及计算机模拟等理论、统计和模拟分析，研究和解决所涉及的理论和实际问题。

例如，卫生健康部门事业单位工作人员可以大量使用概率统计方法开展人口统计工作。在人口统计中，这种方法除了广泛应用于人口变动情况和儿童情况的抽样调查，以及人口普查后的质量抽样调查，也可用于人口统计分析研究。例如，利用时序回归法预测未来人口数；利用概率原理分析人口出生率的发展状况；利用假设检验及方差分析法检验各地区总和生育率有无显著差异；利用回归分析及相关分析法研究妇女总和生育率与各地区经济发展水平、文化程度及城镇化水平之间的相关关系等。

什么是客观概率和主观概率？

事业单位工作涉及的许多业务具有不确定性，通常用"可能"表述。由于可能性是模糊概念，因此可以用概率统计的方法，对可能性的估计进行处理。概率包括客观概率和主观概率。客观概率是指在一定条件下，事件发生的频率和可能性是固定的。比如，一枚硬币有正反两面，投掷时正面朝上的概率是50%。主观概率是人们做出的符合他们对事件可能性的主观知觉判断，即人对事件发生的可能性或频率的判断。由于主观概率有时是基于事业单位工作人员的经验或其希望所做的分析，往往会偏离事件本身的客观概率，不一定能够反映事件的真实属性，从而导致对同一事件可能性的估计会有很大差异。因此，要提高事业单位工作人员职业判断质量，必须使主观概率尽可能符合客观概率，可以用众数概率法、累计概率法和加权概率法。不同概率和统计方法的运用，最主要的目的是发现随机事件可能性的大小，从而为我们找寻事物的发展规律、掌握解决问题的方法打下基础。

方法八：项目管理法

什么是项目管理法？

项目管理对事业单位工作人员十分重要。在某种意义上讲，事业单位的创新和改革工作都是项目管理活动，都需要开展项目管理。

什么是项目和项目管理？

按照美国项目管理协会的说法，项目是为完成某一独特的产品、服务或者任务所做出的一次性努力[①]。项目无论是简单还是复杂，都有一些共性。比如，都有明确的起止时间，都有预定目标，都要受到人力和经费限制，都要消耗一定资源，都要为目标的实现付出努力等。因此，从特性上看，项目具有一次性、独特性、组织的临时性和开放性、后果不可挽回性等特点。所以，项目管理是指项目管理者在有限的资源约束下，运用相关知识、技能和工具，对一系列有明确目标或者目的独特、复杂并相互关联的活动，实施计划、评估、控制，并在特定时间和预算内，依据规

---

① 傲姿时代项目管理教材开发项目组. 项目管理基础［M］. 北京：清华大学出版社，2001：4.

范实现项目目标的过程。

项目管理一般有哪些内容？

项目管理包括以下几个方面内容：一是项目整体管理，主要目的是正确协调项目各组成部分而进行的过程集成，核心是在多个相互冲突的目标和方案之间进行权衡，包括制订项目计划、执行项目计划、整体变更控制等环节；二是项目范围管理，主要是定义和控制列入或者未列入项目的事项，包括范围规划、范围定义、范围核实、范围变更控制等环节；三是项目时间管理，主要是为确保项目按时完成的过程，包括活动定义、活动排序、时间估算、进度安排、时间控制等环节；四是项目费用管理，主要是保证在批准的预算内完成项目所必需的过程，包括资源规划、费用估算、费用预算、经费控制等环节；五是项目质量管理，主要是为保证项目能够满足原来设定的各种要求，包括质量规划、质量控制、质量保证等环节；六是项目人力资源管理，主要是为保证充分发挥参与项目人员的聪明才智，包括组织规划、选择人员、团队建设等环节；七是项目沟通管理，主要是为保证项目信息及时准确地提取、收集、传播、存储及最终处置，包括沟通规划、信息分发、进度报告、收尾善后工作等环节；八是项目风险管理，主要是把有利事件的积极结果尽量扩大，而把不利事件的后果尽量降低到最小程度，包括风险识别、风险量化、提出应对措施、应对措施控制等环节。

项目生命周期有哪五个阶段？

事业单位使用项目管理方法，不仅要把握其管理内容，而且要树立项目生命周期的概念，因为任何项目都在一定时间内完成，具有明显的生命周期特征。项目生命周期一般划分为以下五个阶段：

第一阶段是启动阶段，主要考虑项目的资源需求、项目目标、项目实施条件、项目范围的确定及项目涉及的决策问题。在这一阶段，主要工作有需求收集、项目策划、可行性研究、风险评估及项目建议书等。这个阶段需要投入的人力、物力不多，但对后期影响很大。

第二阶段是计划阶段，解决的问题是确定项目目标、任务、工作及活动，估算活动需要的时间和费用，确定活动之间的关系，确定项目团队需要的技能，规划项目的组织结构，进行项目日程、时间安排及编写项目计划书等。

第三阶段是执行阶段,主要是按计划实施项目。执行阶段是项目生命周期中时间最长、完成的工作量最大、资源消耗最多的阶段。这个阶段要根据项目的工作分解结构和网络计划组织协调,确保各项任务按时间完成。而指导、监督、预测、控制是这一时期的管理重点。

第四阶段是控制阶段,即项目管理者根据项目执行情况和跟踪的信息,对比原定计划和目标,找出偏差、分析原因、研究纠偏对策、采取纠偏措施的全过程。这一阶段的工作主要包括寻找偏差、分析原因和趋势、采取纠偏行动三项活动,涉及领域包括项目跟踪、项目控制、变更管理、质量管理和成本管理等。

第五阶段是收尾阶段,管理重点是对项目产生的结果进行计量,确定项目完成程度。项目组织者要对项目进行财务清算、文档总结、评估验收,最终交付客户使用,对项目进行总结评价,吸取经验教训,以改善今后的项目。

项目管理人员要重点考虑哪三个问题?

项目管理的核心问题是对项目质量、进度与费用的折中控制,要在有限的时间、空间、预算范围内,将大量的人力、物力组织在一起,有条不紊地实现项目目标。项目在实施过程中,时间、人力、物力等资源不可能是无限的,对质量的要求也不是无止境的。所以,在项目实施过程中,如何处理好质量、进度及成本之间的关系,是项目管理人员要重点考虑的问题。

在事业单位工作,运用项目管理方法处理日常事务,首先要求我们把握事物的生命周期特征,分析和掌握事物从启动、计划、执行、控制和收尾不同阶段的工作要求。其次要明确管理的重点内容和关键环节,把握好范围、时间、质量、费用、资源等方面的因素,合理调配,有效使用。再次要发挥项目经理的责任,无论什么级别的干部,负责某一项目和事务就是该项目的经理,一定要发挥好计划、组织、控制、协调、承上启下、传递经验教训等作用。最后要组建优秀的项目团队,项目团队如同项目自身,组成和规模有大有小,有些要解决复杂的问题,有些则只需做常规性工作;有些动态性强,要经常更换人员,有些则比较稳定。队伍是一组人的集合,只有协调一致地开展工作,才能实现项目管理的目标。

除以上十种哲学方法和八类技术方法外,事业单位工作人员还会用到一些日常的工作方法,关注到一些实用工作技巧,具体如下:

不要差不多,盯住最完美;长计划、短安排,立即做;日清月结,有条不紊;

学习工作化，工作学习化；注重积累，始终在研究状态下工作；信息要对称，善于沟通；分工不分家，主动补台；执行有力，反馈及时；跳出自身看自身，立足自己看自己；事情要一桩一桩地做；想问题做事情要尽可能合情合理；自觉按职能职责做事，永远忠于职守；分清轻重缓急，抓本质抓重点抓关键；掌握特点，把握规律；始终保持适度的紧张感；不多事不误事不坏事；急事缓办、缓事急办，务虚与务实相结合等。

习近平总书记不仅在哲学层面上，为我们党和国家事业发展提出了一系列深刻的哲学方法，如坚持实事求是、坚持战略定力、坚持问题导向、坚持全面协调、坚持底线思维、坚持调查研究、坚持抓铁有痕、坚持历史担当，而且针对具体工作领域和具体问题，创造性地提出了许多管用实用的工作方法。

2003 年，时任浙江省委书记的习近平作出"发挥八个方面的优势""推进八个方面的举措"的决策部署，简称"八八战略"。"八八战略"虽是一个省域层面的战略，但主政者具有世界眼光和战略思维，具有总揽全局的能力，能放眼全局谋一域，把握形势谋大事。"八八战略"中的两个"八"，含义各不相同。

第一个"八"所指"八个优势"，并非单纯指已经体现出来的优势，而是按照科学发展观的要求，结合实际作出的总体把握，体现了继承和创新的统一。具体而言，是将已经显现出来的优势进一步发挥好，将潜在优势变为现实优势；对一些劣势，要通过努力转化为优势，或者避开劣势。

第二个"八"指八个方面的举措，是针对进一步发挥、培育和转化优势提出的。通过实施这些举措，推动经济社会发展增创新优势、再上新台阶。

事业单位工作人员要解决的问题一般比较复杂，涉及的学科类型繁多，大型综合性问题的处理更是如此。这就决定了事业单位工作人员对有关政务、事务及服务工作进行处理时，只靠一两种方法远远不够，只靠一两类方法也不够，必须综合运用多种不同的科学方法。既要善于运用传统的工作方法，又要善于运用现代的工作方法；既要善于运用普适性的常规方法，又要善于运用专业性的特殊工作方法；既要学会运用观察、实验、归纳、比较方法，又要学会运用类比、演绎、数学、分析方法，有时还要借助直觉、想象等非理性方法。总之，只有综合运用多种方法，才能真正从根本上解决事业单位工作中的难题。

第十四章
贯彻执行能力

> 习近平总书记指出,我国社会主义制度具有非凡的组织动员能力、统筹协调能力、贯彻执行能力,能够充分发挥集中力量办大事、办难事、办急事的独特优势。贯彻执行能力是事业单位工作人员的基础能力,也是保障工作顺利开展、推动事业高质量发展的根本保证。

第一节 执行高于一切

毛泽东同志在《党委会的工作方法》一文中指出,要"抓紧",就是说,党委对主要工作不但一定要"抓",而且一定要"抓紧"。什么东西只有抓得很紧,毫不放松,才能抓住。抓而不紧,等于不抓。伸着巴掌,当然什么也抓不住。就是把手握起来,但是不握紧,样子像抓,还是抓不住东西。我们有些同志,也抓主要工作,但是抓而不紧,所以工作还是不能做好。不抓不行,抓而不紧也不行。"抓紧"说的是工作落实问题,也就是执行力问题。

一、提高执行力

什么是执行力？

执行力是事业单位工作人员在执行上级决策、具体办事和解决实际问题的能力，通俗地讲，就是"抓落实"。执行力是一种自觉的理性力量，是一种理性的服从精神。这种理性力量和服从精神，只能在对事物的全面把握和对决策的全面理解基础上，借助个体和组织的力量，才能全面显现出来。在正确的战略决策前提下，执行力越强，竞争力就越强；执行力越弱，竞争力就越弱，而执行力的强弱直接影响战略目标实现的程度。

执行力有哪些类型和特点？

执行力包括领悟能力、计划能力、协调能力及创新能力等诸多方面内容。从主要特性上看，执行力具有主动性、细节性、及时性和时效性等特点。一个部门和单位的竞争力主要由产品、技术、战略、人员和服务等要素构成，执行力是构成该部门和该单位竞争力的核心要素。在当今时代，事业单位的生命在于效率，而效率的产生在于执行。执行力已成为当今事业单位改革发展管理的效率之源、竞争之本。同时，执行力还是创新力。事业单位工作人员的创新力，一般是指事业单位工作人员能想别人所未想，见别人所未见，做别人所未做，提出新见解，发明新办法，克服常人或前人克服不了的困难，解决常人或前人解决不了的问题，实现工作新突破的状态。创新能力能够促使事业单位工作人员发现新事物、解决新问题、做出新成果，是事业单位工作人员工作能力的最高表现形式，也是事业单位工作人员诸多能力的核心部分。因此，做好事业单位管理和服务工作，推动事业单位发展，必须大力提高执行力。

提高执行力需要注意哪些问题？

在事业单位，从领导者、中层干部到基层员工，无时无刻不处在一种"执行过程"中，而执行过程体现出的态度、能力、速度、理念、品质、应变等因素决定了事业单位工作的成效。从总体情况看，当前事业单位的执行力还比较强，特别是在政令畅通，贯彻落实等方面，能做到全国一盘棋，但在一些地区、部门及部分事业单位工作人员中,执行力低下的情况也值得高度关注。

一是政策水平差,执行本领不强。有的事业单位工作人员轻视理论,忽视学习,漠视新知识,对党和国家的大政方针、重要决策不甚了了。有的虽然也在学习,但往往是浅尝辄止,或者坐而论道,夸夸其谈,与学以致用、用以促学相距甚远,执行力与形势任务不相适应。

二是不求进取,执行责任意识差。有的事业单位工作人员胸无大志,既无争创一流的心气,也不求上进、没有有所作为的意识,更无敢闯敢干、改革创新的精神,而是怨天尤人,工作缺乏主动性和创造性,只求过得去,不求过得硬,慢慢腾腾,粗枝大叶,得过且过,应付了事。凡事能推则推,能躲则躲,能将就则将就,缺乏应有的事业心和工作责任感。

三是执行方式和方法简单陈旧。有的事业单位工作人员把开会、发文件当成推动工作的"万能钥匙",以会议贯彻会议,以文件贯彻文件,把简单重复上级文件和讲话精神看作是贯彻执行。一些事业单位工作人员往往习惯用简单粗暴的办法处理当前复杂的人民内部矛盾,特别是群体性事件,似乎一切问题都可以"快刀斩乱麻",只要上级领导出面干预就能解决,而不重视提高自己处理复杂问题的水平。

四是心浮气躁,作风不实。有的事业单位工作人员身上存在"浮""懒""散""粗""虚"等问题,工作作风浮夸,搞短期行为,实施变相的"政绩工程",大局意识差,服务质量低,精神状态不佳,矛盾面前束手无策,重点工作打不开局面,决策执行不到位。

解决这些问题,关键要在事业单位建设一种执行文化,真正使事业单位工作人员牢固树立"等不起"的危机感、"慢不得"的紧迫感和"坐不住"的责任感,把"执行"打造成事业单位工作人员的至高和至远目标。只有靠执行力,成功的组织才能更加欣欣向荣,失败的组织才能重现光明。真正优秀的事业单位一定会奉行"执行文化",这样的团队才能目标明确,无往而不胜。

二、及时请示汇报

请示汇报不仅是事业单位工作的运行程序,而且是推动工作顺利开展的重要环节。如果事业单位工作人员不学会请示汇报,就无法与领导和同事友好相处,也就不适合在事业单位工作。

请示工作要注意哪些关键点？

事业单位工作人员遇到如何向自己的上级和组织请示工作的问题时，以下几点值得关注。

第一，筛选请示事项。无论是在业务部门还是综合部门，每天都有大量工作要做，也会遇到许多问题需要研究解决，哪些问题需要请示，哪些问题不需要请示，要认真筛选。该请示的不去请示，是失职或者越权；不该请示的，事无巨细都去请示，又会分散领导精力，影响领导处理大事。一般来说，向领导请示的事，应该是事关全局的事、牵涉领导自身的事、领导分管的较重要的事、需要协调的事、涉及友邻的事，或者是突发事件，以及下级难以处理或无权处理的事情等。

第二，对口逐级请示。对口请示即不要多头请示。具体来说，属于组织工作要请示分管组织工作的领导，属于宣传工作要请示分管宣传工作的领导。如果一件事请示几位领导，领导的意见又不一致，事情就不好办。如果一项工作与几位领导有关，可经主管领导同意，分别征求几位领导的意见，并把他们的意见综合起来，向主管领导汇报，请主管领导拍板。请示中还要遵循逐级的原则，不要越级请示。请示工作应从直接领导开始，直接领导能答复的，就按直接领导意见办；答复不了的，由直接领导请示上一级领导，或由直接领导授权秘书向上级请示，切不可抛开直接领导而去请示上一级领导。越级请示汇报会带来许多问题，比如，挫伤直接领导的积极性，造成高层领导与中层领导之间的隔阂甚至冲突，产生对自己工作不利的因素等。

第三，做好充分准备。向领导请示工作不同于记者招待会，我问你答。请示前要进行必要的准备，通过翻阅资料和调查研究，把问题产生的背景、基本情况及相关政策搞清楚，做到心中有数。其中，要特别注意，一是不能违背事实。个别人对此不以为然，在请示工作时有意无意地脱离实际；有的甚至夹杂个人的倾向，这样是不行的。二是不能照本宣科。不能把上级的文件或下面的材料拿来照念，这样虽然保险且又省事，但效果欠佳。三是不能主次不分。如果迟迟不明确主题，就会产生不良的结果。

第四，摆正自己的位置。向领导请示工作的过程也是做参谋助手的过程。请示领导的同时，领导也往往让你谈对该问题的看法和处理意见，这时可以谈自己的倾向性意见，有时要提出几套方案供领导选择。提建议时要摆正自己的位置，要始终明白只有建议权，没有决策权。当自己的意见同领导的意见不一致时，要服从领导的意见，不能固执己见，更不能抛开这位领导去请示别的领导。向领导提建议，时机要适当，态度要谦和，语言要得体，不可鲁莽行事。要注意既不先声夺人、强制领导接受自己的看法和意见，又不丧失主见、做事情失了分寸。

请示工作要讲究技巧，向领导请示要讲究时机和场合，否则会适得其反。当事情重大、涉及全局时，要及时请示；当事情涉及上级和其他单位时，要及时请示；当工作涉及领导自身的行动时，要及时请示；当情况不明需要明确时，要及时请示；当涉及突发事件时，要及时请示。此外，除非重大突发事件，当领导不方便时，要暂缓请示；当领导情绪不佳时，要暂缓请示；当领导忙于其他业务时，要暂缓请示；当领导要出门时，要暂缓请示；当领导打电话时，要暂缓请示；当领导未首肯时，要暂缓请示。

汇报工作有什么方法？

汇报工作是一定时期、一定阶段的工作总结，也是下一阶段工作任务的开始。原则上说，凡是领导交办或委托办理的事项，无论大小，是否圆满，都要及时、如实汇报。其基本方法包括以下几个方面：一是厘清思路。汇报前，要冷静分析工作过程，先说什么，后说什么，哪些问题要简述，哪些问题要详说，必须理出思路，或者写出汇报提纲。二是突出重点，抓住要害，要害问题往往关系工作全局，汇报重点，也就是汇报工作全局。三是删繁就简。要把不必要的话语从汇报中删除，做到简洁明快，不做无谓的拓展和借题发挥。四是征求意见。领导对下级的工作汇报大多会有一个评断，从领导评断中可以把握领导意图，领会下一阶段工作重点。

汇报工作要把握哪几个重点？

汇报工作是专门的艺术，需要一定的技巧，要把握以下重点：一是选择合适的时机。一般情况下，当本单位或者本人从事的工作告一段落时，对下一阶段工作进行决策处理需要听取上级的意见，或者工作中遇到较大困难，想求得上级指导与指示等情况下，要及时向上级汇报。二是要把握"度"。"度"的把握主要依据工作性质、进展情况及和领导的关系程度。要视具体情况灵活安排，总体要求是用合理的形式汇报核心的内容。三是掌握汇报喜忧的分寸。原则上说，向领导汇报工作，必须实事求是，是喜说喜，是忧说忧，不夸大成绩，不隐瞒缺点，但原则不等于技巧，原则不能代替方法。向领导报喜或者报忧，原则上应注意只谈自己，不谈别人。一个人只能对自己的所作所为最有发言权。不管是忧还是喜，是成绩还是失误，只要是自己的经历，汇报时往往能切中要害。四是切忌揽功推过。汇报工作最大的忌讳是揽功推过。揽功就是有意夸大自己的作用和贡献；推过就是把工作中的过错和应承担的责任推向别人。采取这种态度和做法的人往往处心积虑，最终必然遭人唾弃。五是语言要精练。向领导汇报工作时，一般要有提纲、腹稿，使用精练的语言归纳整理所要汇报的内容。这样做，不仅可以使汇报更全面一些，而且可以做到思路清晰、有条理，同时也是对领导的一种尊重。六是汇报结束要有请示。向领导汇报完工作后，要请示领导对工作汇报的意见和指示，还有哪些问题没有汇报或者没有说清楚，还需要了解哪些方面的问题。对汇报之后领导的指示，能立即落实的，要有相应措施；对一时有困难的，应如实反映并制订计划，表达决心。

三、坚持追求卓越

为什么管理平凡？

古希腊哲学家苏格拉底说过，每个人身上都有太阳，只是要让它发光。平凡是生命的常态，是工作的常态，也是人生的常态。事业单位工作人员对待工作，不仅要重视平凡，而且要善于管理平凡，管理平凡是超越平庸，追求卓越。在事业单位工作，一个能自我管理的人就是一个不平凡的人。自我管理包括自我约束和自我激励等方面，如工作中表现出的主动性和计划性、对所承担的工作和实现组织所设定目标的自信心、克服困难和战胜挫折的勇气、良好的自律和自警能力等。事业单位工作人员重点关注自己的政治素质、人格修养、行为品德和能力培养等诸多方面。

平庸有哪些表现？

平庸在具体行为上有以下几种表现：

第一，不作为。对职责范围内的事情拒绝、放弃、推诿、拖延，对其他单位提请支持、配合、协助的事情不支持、不配合、不协助，或者互相推诿、扯皮。外在表现经常是上班迟到、早退，工作时间打牌、玩游戏、串岗、脱岗、离岗、炒股票、长时间占用电话、干私活，门难进、脸难看、话难听、事难办等。

第二，乱作为。利用职务和工作便利，违反规定向服务对象摊派钱物、索要赞助，违规要求接受有偿服务、购买指定商品，违法实施处罚、检查、行政许可、采取强制措施，对当事人态度蛮横、作风粗暴、故意刁难、人为设置障碍、执法不公、徇私舞弊及其他不正确履行职责的行为。

第三，慢作为。主要包括适应形势慢、转换思维慢、应对反应慢、工作节奏慢、解决问题慢等。具体表现在对会议决定事项、文件明确事项、领导批示交办事项久拖不办，没有回音，或搞变相执行、选择性执行；对已经协调明确的事宜，借口要请示、研究，在限定时间内不提出具体办理意见；对属于本部门职责范围的审批、服务事项推诿扯皮、敷衍塞责、故意刁难或拖延办理时间；对服务对象态度冷漠，在受理经办事项中谋取私利，以各种形式暗示服务对象，有意拖延办事时间，导致不能顺利办理申请事项等。

怎么实现卓越？

平庸的危害虽然不像贪污受贿、违法乱纪那样具有直接的社会危害性，但本质上普遍的平庸就是变相的贪腐。如果在一个组织、部门中"平庸病"流行，必然管理不善，人心涣散，轻则导致执政能力下降，重则误国误民。所以，事业单位工作人员必须拒绝平庸，超越平凡。

第一，卓越源于热情。热情是工作的最大源动力。如果事业单位工作人员连基本的工作态度——热爱本职工作、积极主动、有责任心、干事不拖拉都没有，是不可能对本职工作尽心尽责的；如果一个人不能将全部身心投入工作，那么无论做什么工作，都可能沦为平庸。法国寓言家拉·封丹说过，无论做任何事情，都应当遵守的原则是追求高层次。你是第一流的，你应该有第一流的选择，在工作中加入"热忱"二字。在事业单位工作，同样一项任务，同样由一个人来做，有无热情结果是不同的。充满热情会使人变得有活力，干起工作来有声有色，创造出辉煌的成就。而没有热情则使人变得懒散堕落，对工作漠然处之，当然不会有新发现和新创造，潜在能力也就无从发挥。爱默生说过，有史以来，没有任何一项伟大的事业不是因为热情而成功的。从这个意义上说，事业单位工作人员并不是为了谋生才去做事，而是用生命去做事。只有充满热情，才能超越平凡，走向卓越。

第二，卓越需要坚守。毛泽东同志说过，一个人做好事并不难，难的是一辈子做好事。事业单位工作人员要取得卓越成就，首先要有态度，关键要有热情，核心在坚守。人们常说，做事细心、严谨、有责任心，是卓越；做人坚持原则，不随波逐流，不为蝇头小利所惑，"言必信，行必果"，是卓越。其实，真正的卓越是从来不放松对自己的要求，在别人苟且随便时，自己仍然一如既往地坚持。真正的卓越是高度的责任感和事业心,是一丝不苟地坚守。2020年,组工部门领导批评体制内干部的20个坏毛病的文章讲话,值得我们思考。这些坏毛病主要有只想当官不想干事,只想揽权不想担责,只想出彩不想出力;我的地盘我做主;只要结果,不要过程;只许州官放火,不许百姓点灯;多栽花,少栽刺;见人说人话,见鬼说鬼话;通不通三分钟,再不通龙卷风;坐着小车转一转,隔着玻璃看一看,看完以后吃顿饭;新官上任三把火;"说了"就是"做了","动了"就是"成了";新官不理旧账;种了别人的地,荒了自家的田;脚踩西瓜皮,滑到哪里算哪里;头痛医头,脚痛医脚;东一榔头西一棒子;捡到篮子里的都是菜;眉毛胡子一把抓;照葫芦画瓢;竭泽而渔,杀鸡取卵;靠山吃山,靠水吃水等。

第三,卓越必须全力以赴。只有懂得工作质量决定生活质量的人,才懂得珍惜目前的工作。在一定意义上说,世界上没有做不成的事,只有做不成事的人。在事业单位工作,能达到领导的要求,只能算是一个称职的干部;能比领导要求多做一点,就是一个有发展潜质的干部;如果所做贡献大大超出领导的期望,就是一个优秀的干部。所以,对事业单位工作人员来说,凡是别人已经做到的事,即使面临再大的困难,也一定要做好;凡是别人认为做不到的事,即使遇到再大的挫折,也要继续拼搏直至取得成功;凡是别人还没有想到的事,不仅应该想到,而且一定要敢为人先,行动在前。

第二节　提高执行能力

事业单位工作人员提高贯彻执行能力,必须树立"抓落实"的思维,练就坐下来能写、站起来能说、走出去能干的工作本领,积极投入工作,用行动追求未来。

一、练就"三能"干部

什么是"三能干部"?

对于事业单位工作人员,什么最重要?或者说应该具备哪几项基础本领,才能在工作中如鱼得水、游刃有余？根据组织人事部门的调查和统计，总结大多数事业单位工作人员的经验，得到的结论是三句话：坐下来能写，站起来能说，走出去能干。能写，是指能写机关公文，会写领导讲话、总结计划、典型材料、调查报告等，具有较强的文字表达能力；能说，是指能说会道，讲话和表达得要领、有章法、能打动和说服人，具有较强的口头表达能力；能干，是指能按照领导意图，在规定的时间内高质量地完成布置的任务，符合领导要求实现工作目标，具有较强的办事能力。

事业单位工作人员为什么要"能写"？

"能写"是事业单位工作的基础，是事业单位工作人员的看家本领。在事业单位工作，必须有很强的文字表达能力，这是事业单位工作人员必须具备的最重要的本领。无论是在科教文卫岗位，还是在农林商检岗位；无论是综合管理部门、专业技术部门，还是综合执法部门，通过事业单位公文贯彻党的路线方针政策，传达上级指示命令，安排布置工作任务，反映当前工作情况，正确行使工作职权，不仅是公共管理和服务的常规性工作，而且是检验和判断事业单位工作人员能力的根本标准。

在事业单位工作，文字表达能力弱的干部不会有太大的前途。在实际工作中，大多数人对公文写作是重视的，对提高文字表达能力是下功夫的。"能写"是事业单位工作人员综合素质的反映，没有较强的发现问题、分析问题、解决问题的能力，不仅不会写，从本质上讲就不会干，也根本干不好。那种认为不读书能干好事、不会写文章照样也能干好事的观点，是在文化极度贫乏之下产生的极其短视的行为，也是对工作不负责任的表现。

拿破仑有句名言，"新闻记者的一支笔，顶得上十万支毛瑟枪"。事业单位工作人员要想有所作为，就要努力使自己成为过硬的"笔杆子"，做到无论什么体裁的文章，拿起笔来就能写。

事业单位工作人员如何做到"能说"？

"能说"是事业单位工作的关键，是事业发展的基石。上情下达、下情上报是事业单位工作的家常便饭，也是贯彻上级意图、掌握基层愿望、实现善治和良治的重要途径。这就要求事业单位工作人员必须具备很强的口头表达能力，这样才能把上级的指示、下级的愿望、自己的意见及时、准确、高效地传递给他人和组织,因此,良好的口头表达能力是事业单位工作人员必须掌握的基本技能。

当前,机关干部口头表达存在的主要问题是:有的提建议,能讲观点,但讲不透、讲不全道理,没有说服力;有的能讲现象,但讲不清本质,不能争取他人的认同,难以统一思想;有的只能讲一般道理,缺乏应有的深度,引不起领导的关注;有的讲的道理太空洞,说教成分太重,缺乏实际内容,令人闻而生厌;有的讲的道理太偏,或只讲利不讲弊,以偏概全,难以使人信服;有的能讲局部或眼前道理,但讲不清全局和长远道理,领导难以下决心等[①]。

"能说",一是要做到逻辑清晰。讲情况,提建议,讲措施,都要做到观点鲜明,条理清晰,层次清楚,不能前言不搭后语、内容杂糅、逻辑混乱,这样说话对听者而言是一场灾难。二是要做到观点鲜明。想说什么,不想说什么,哪些重点说,哪些可以一带而过,说之前心里一定要有数。判断的标准是让听众能在很短时间内知道你主张什么,反对什么,并阐明其中的理由,讲清中间的道理,让人们认识到其正确性和可行性。三是要做到言之有物。要把抽象的东西说实在,把原则的东西讲具体。根据谈话对象,选择合适的表达方式,具有很强的针对性、可操作性,切中要害。四是要做到有的放矢。要根据说话对象的年龄、经历、受教育程度、心理特点和行为特征,有选择性地把握说话的角度、内容、深浅和时效,这样的交谈才能取得较好的效果。五是要做到生动有趣。说话幽默风趣,生动形象,通俗易懂,引人入胜,由此及彼,特别是做到深入人心,使对方产生共鸣,这才是好口才的重要标志。

[案例参考]

纽约一家媒体刊登了一篇《抽烟的三大好处》的文章,讲述了一则幽默故事:从前,美国有一个倒卖香烟的人到法国做生意。一天,他在巴黎的一个集市上大谈起抽烟的好处。突然,从听众中走出一位老人直奔前台,那位商人大吃一惊。只见老人在前台站稳后大声说道:"女士们、先生们,对于抽烟的好处,除这位先生讲的外,还有三大好处呢!我不妨讲给大家听听。"美国商人一听这话,很是欢喜,连连向老人道谢:"谢谢您了,先生。我看您相貌不凡,肯定是学识

---

① 张传禄. 机关的机关 [M]. 北京:金城出版社,2007:194.

渊博的人,请您给大家说说抽烟的三大好处吧。"老人微微一笑,说:"第一,狗一见抽烟的人就害怕,逃走。"台下一片轰动,商人暗暗高兴。"第二,小偷不敢到抽烟的人家里偷东西。"台下连连称奇,商人更加欢喜。"第三,抽烟的人永远年轻。"台下群情振奋,商人喜形于色。老人把手一挥,说:"女士们、先生们,请安静,我还没说清楚为什么有这三大好处呢!"商人这时特别振奋,高声地说:"老先生,请您快讲。"老人说:"第一,抽烟的人驼背多,狗一见到他以为正要捡石头打它,它能不害怕吗?"台下人笑出了声,商人吓了一跳。"第二,抽烟的人夜里咳嗽,小偷以为他没睡着,所以不敢去偷东西。"台下一阵大笑,商人直冒大汗。"第三,抽烟的人很少长命的,所以永远年轻。"台下一片哗然,此时,大家再一看,商人不知什么时候溜走了。

事业单位工作人员怎么做到"能干"?

新到事业单位的每个员工都想干事,而且想干一番大事。想干事,反映的是态度;能干事,反映的是能力。只想干事而不会干事,就像只有"唱功"没有"做功"一样,最终是干不成事的。

"能干"有很多标准和方法,但总体上看,不外乎以下几个方面:

第一,能干必须会干。有些事业单位工作人员虽然有干事的热情,但缺乏干事的能力,遇到难题束手无策,这样就不可能干成事;就算硬着头皮去干,也干不到点子上,弄不好反而把事干砸了。所以,能干首先要有会干的能力。习近平总书记在2020年秋季学期中央党校(国家行政学院)中青年干部培训班上发表重要讲话强调,面对复杂形势和艰巨任务,我们要在危机中育先机,于变局中开新局,干部特别是年轻干部要敢于直面问题,想干事、能干事、干成事,不断解决问题、破解难题。事业单位工作人员能力可以用工作的进度和质量衡量。进度快、质量好,说明能力强;反之能力就差。

第二,能干必须善干。事业单位工作人员要不断深化对业务工作和发展规律的认识,正确认识和把握工作规律,以指导实践;坚持理论联系实际,吃透上情,摸清下情,不唯上,不唯书,只唯实。一般来讲,事业单位工作人员具备较强的能力,善于工作,主要表现为三种境界:一是能开创性地工作,敢为天下先,敢提出并干出别人想不到、干不成的事情,这是善干的最高境界;二是能扭转性地工作,能把别人干不好、干砸的事情干好，如扭亏为盈、整顿风气、改造局面、开拓新的领域等；三是能提高性地工作，即在前人或者别人的基础上，走得更远，做得更大，知名度更高，凝聚力更强等。

第三，能干必须实干。学会运用群众观点和群众路线干事情，经常深入基层进行调查研究，多干让群众受益的事、基础务实的事、着眼长远的事。只有这样，才能得到广泛的信赖和支持。要善于一步一个脚印地做工作，注重研究自己所在地区、部门和单位的实际情况，根据其特点，采取具体措施。对已经确定的目标、看准的事情，要咬定青山不放松，聚精会神抓到底，攻坚克难，扎实推进，不见成效不收兵。实干还必须有担当精神。习近平总书记指出，权力的行使与责任的担当紧密相连，有权必有责。看一个领导干部，很重要的是看有没有责任感，有没有担当精神。

第四，能干必须巧干。善于运用典型的方法推动工作，树立正反两方面的典型，抓两头，带中间；坚持用分类指导的方法推动工作，把握特点，区分层次，因地制宜，整体优化；坚持用统筹兼顾的方法指导工作，统揽全局，照顾多数。"巧干"要求做到对工作条件和现状有全面、透彻的了解；要求有较强的洞察力、思维力、想象力、决策力等，能深谋远虑、高瞻远瞩，甚至能察人之所不察、见人之所不见；要善于把握态势，抓住机遇，扬长避短，趋利避害，创造性地开展工作。

二、积极投入工作

积极投入工作，就是要在很短时间内掌握本部门、本单位的基本情况、基本要求、内在特点和工作规律。在一定意义上说，事业单位工作人员投入工作越快，就越能争取工作的主动，掌握事业成功的密码。

为什么越投入越主动？

积极投入工作的快慢是判断事业单位工作人员适应性的显著标志之一。一般而言，主动投入快，说明勤奋努力、头脑灵活、工作质量高。相反，主动投入慢，有的是下功夫不够，无所用心；有的是思维僵化，不会举一反三；有的是职业兴趣锐减，岗位适应性较弱等。因此，事业单位工作人员一定要把积极投入工作作为第一要务，切实抓紧抓好。

新进事业单位工作人员怎么调整心态?

当前,新进事业单位工作人员常见的心态有理想主义心态、急于求成心态、突破围城心态、曲高和寡心态等。对不同类型的心态,新进事业单位工作人员必须高度重视,采取有效措施加以调整。具体而言,一要做到不急躁。入门是一个逐步提高的过程,必须沉心静气,把握节奏,稳扎稳打,一步一个脚印、一步一个台阶地完成,切忌心浮气躁、急于求成。实际工作中,一些事业单位工作人员特别是有一定工作经验的同志,往往刚上手工作就期望承担重要任务,恨不得一步登天,实现"跨越式"发展,这样做往往欲速则不达,反而影响自己进取的信心。二要做到不自满。无论是在同龄人中出类拔萃的"学生型"干部,还是经验相对丰富的"军转型"和"社会型"干部,都要忘记过去的"辉煌",调整心态,摆正位置,把自己的过往彻底清零,重新积累,慎防骄傲自满、停步不前,或者居功自傲、恃才傲物。三要做到不灰心。无论是付出了努力却没有取得理想的效果,还是因失误而受到上级批评;无论是感到与老同志相比差距甚大,还是觉得一起进事业单位的同事比自己进步都快,都不能灰心丧气、自暴自弃,要始终保持锲而不舍、积极向上的精神状态。经验表明,入门贵在坚持不懈、持之以恒,越是耐得住寂寞,经得起挫折,今后的发展就越有基础。

三、行动决定未来

[案例参考]

《读者》杂志刊登过一篇名为《重要的是发射》的短文。内容如下:一名记者在采访电子数据公司(成立于1962年,是美国全球领先的信息技术服务公司)总裁罗斯·佩洛时问:"你们公司成功的秘诀是什么?"罗斯·佩洛回答得很有意思:"预备!发射!瞄准!"人们对他说的话有些不解,按照常规,应该是预备、瞄准、发射才对。罗斯·佩洛是如此解释的:"我们从来不等有了方法再行动,而是在行动中寻求方法,在行动中瞄准。如果射偏了,没关系,纠正它,再发射。重要的是发射,是行动!"也正是这一打破常规的理念,使公司在极短时间内有了突飞猛进的发展。

对"重要的是发射"这句口号式的表述,人们听后大多不会太在意,似乎是不值一提的寻常道理。但是细细想来,又有几个人能真正做到?我们在追求理想目标时，往往经过充分准备，但不是果断发射，而是被发射后的效果纠缠，顾虑自己的行动是否能成功，以及如何面对失败等问题。而当我们真正下定决心开始发射时，成功的靶子早已从我们的视线中偏离。一个人或一个团体成功抓住目标的过程就是一个自我教育的过程，是理想自我向现实自我转化的过程。这一过程是在无数次的发射和校正中完成的，没有发射就谈不上校正，"如果你不射门，就百分之百没有命中率。"的确，只有果断地发射，从失败中寻找新的启示和经验，在下一次发射时才能更加靠近成功的靶心。

为什么行动决定未来？

"重要的是发射，是行动"。这说明了一个简单的道理——行动决定未来。列宁同志说过，"一个行动，胜过一打纲领"，这是被大量事实和历史经验证明了的道理。正如邓小平同志指出的那样，"世界上的事情都是干出来的，不干，半点马克思主义都没有"。只有把脑子里想的、嘴上说的、纸上写的及自己关上房门勾画的蓝图，变为具体的行动、实际的效果和实实在在的利益，我们的工作才算做到了家、做到了位。只有在这个时候，才谈得上理想和未来。

为什么基层是最好的舞台？

基层是群众工作生活的场所，群众最关心、最直接、最现实的利益都要在基层体现出来。"上面千条线，下面一根针"，国家大政方针和布置的各项任务都要在基层落实。在社会转型时期，大多数社会矛盾纠纷萌芽在基层，解决也在基层。所以，事业单位工作人员身在基层，要想在基层，干在基层，未来立足在基层。事业单位工作人员不把基层岗位的事情办好，不在基层岗位中施展自己的才华与所学，不在基层岗位中行动，就没有未来。对于立志报国的事业单位工作人员，基层岗位是一个大熔炉，是一所大学校。基层岗位工作覆盖面广，针对性强，直接面对广大群众，不干没有退路，干不好没有出路。

怎么用行动铸就未来？

行动决定未来，要求我们增强工作的责任感，克服浮躁心理，抛弃私心杂念，把心思用在工作上；要求我们攻坚克难，在干中学，在学中干，敢于直面困难、正视矛盾；要求我们察实情、讲实话、办实事、求实效，把构思和想法变成行为和效果；要求我们走基层、转作风、改文风，妥善处理征地拆迁、农民工工资、国资国企改革、下岗就业、养老医疗等实际问题，确保一方平安，增进群众福祉，这样的事业单位工作人员才是合格的。

成功人士有哪些秘诀？

几十年来对成功的研究表明，成功人士能实现目标，不仅因为他们是谁，而且因为他们做了什么。下面是成功人士与一般人做法不同的九个方面：一是目标具体，不留余地，"减五磅体重"比"一定要减肥"更好；二是抓住时机，为目标而行动，提前判断何时及在哪里你会采取、你想采取的每一个行动；三是监督进展，调整策略，如果你不知道你做得如何，你就无法相应调整行为或策略；四是做一个现实的乐观主义者，相信自己具有成功的能力对创造和维持动力大有裨益；五是注重改善，不必十全十美，研究表明，所有的能力都是可以锻造锤炼出来的；六是勇气与毅力是必须的，努力、筹划、坚持不懈和好的策略都是成功所需要的东西；七是增强自控力，迎接挑战，在力量增强时，你可以迎接更多挑战，加紧锻炼自控能力；八是别碰运气，抵制诱惑，成功人士知道，不要让实现目标的难度太大；九是专注要做的事，你不需要为了更成功而让自己变成另外一个人，重要的从来都不是你是什么，而是你干了什么[①]。

四、加强考核评价

提高"抓落实"的能力，要加强对工作的考核评价，这需要事业单位工作人员深入思考、科学开展、灵活使用。

加强考核评价要关注哪些问题？

党的十八大以来，习近平总书记对干部考核工作提出了一系列新理念、新思想、新要求，为进一步做好干部考核工作指明了方向，提供了根本标准。进入新时代，事业单位工作人员"干什么""怎么干"有了新的更高要求，事业单位工作人员考核"考什么""怎么考"，需要从制度层面进行调整。《事业单位工作人员考核规定》的施行，对推动解决当前事业单位工作人员考核工作存在的突出问题，激励引导事业

---

① 海迪·霍尔沃森.成功人士九大与众不同之处[N].参考消息，2011-05-02.

单位工作人员以更好的状态、更实的作风，带头贯彻落实党中央决策部署和习近平总书记重要指示批示，具有重要意义。

加强考核评价要坚持把政治标准放在首位，着重考核增强"四个意识"、坚定"四个自信"、做到"两个维护"、遵守政治纪律和政治规矩等情况，在评判标准上强调全面从严治党、忠诚干净担当，对政治上不合格的实行"一票否决"。

内容上突出对党中央决策部署和习近平总书记重要指示批示贯彻落实情况的考核。坚持党中央倡导什么、强调什么就考核什么，把区分优劣、奖优罚劣、激励担当、促进发展作为事业单位工作人员考核工作的基本任务，把考核的主要功能聚焦到推动事业单位工作人员做到忠诚干净担当上来，把履行岗位职责、解决实际问题、创造工作实绩作为考核的基本内容和评价的基本依据，让事实说话，用实绩检验。在具体操作上，要重点关注以下几个方面：

平时考核侧重对事业单位工作人员一贯表现进行经常性考核，主要结合事业单位工作人员日常管理进行，考核方法、考核结果的确定可以灵活多样，重在及时肯定鼓励、提醒纠偏。事业单位可以根据自身实际，探索建立平时考核记录，形成考核结果。平时考核结果可以采用考核报告、评语、档次或者鉴定等形式确定。

年度考核是以年度为周期对事业单位工作人员总体表现进行的综合性考核，一般每年年末或者次年年初进行。重点考核事业单位工作人员思想政治素质、履行岗位职责能力、公共服务意识和工作责任心、全面履行岗位职责、廉洁从业等方面的情况。

专项考核侧重对事业单位工作人员在完成重要专项工作、承担急难险重任务、应对和处置重大突发事件中的工作态度、担当精神、作用发挥、实际成效等情况进行专门考核。对事业单位工作人员开展专项考核，可以按照了解核实、综合研判、结果反馈等程序进行，或者结合推进专项工作灵活安排。

聘期考核是对事业单位工作人员在一个完整聘期内总体表现进行的全方位考核，以聘用合同为依据，以聘期内年度考核结果为基础，一般在聘用合同期满前一个月内完成。